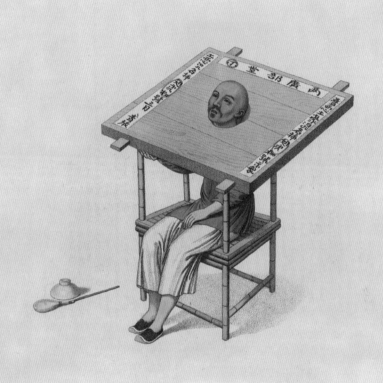

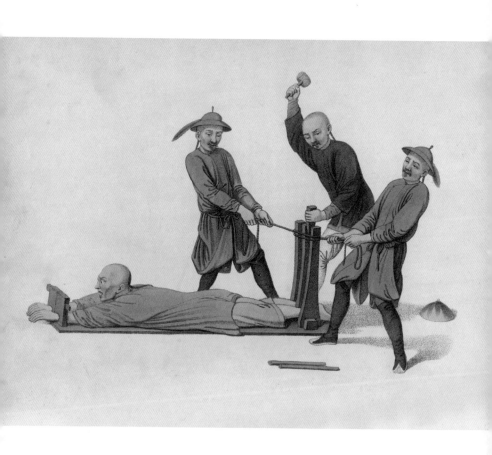

刑罰的歷史

羅翔·編著

目　錄

第一章

追本溯源：刑罰的起源與發展

中國古代的法律以刑法為基礎，其主要的法律後果就是刑罰，它輕則剝奪人之財產、自由，重則危及生命，是一種以國家強制力為後盾的最嚴厲的懲罰措施。這種可怕的懲罰措施緣何而生？為何存於人類社會？它經歷了怎樣一種發展階段？帶着這些疑問，我們試圖展開刑罰的歷史。

一、關於刑罰起源的幾種學說

　　關於刑罰的起源，古今中外，人們提出過無數假說，至今仍無定論，可謂眾說紛紜，仁者見仁，智者見智。擇其要者，大體有如下學說：

1. 罰源神授："天"說

　　刑罰起源於"天"，也稱"神授說"。該說是人類歷史上最為古老的對刑罰起源的解釋。無論是東方還是西方，該說都以君權神授理論為基礎。

　　《聖經》說："在上有權柄的，人人當順服他，因為沒有權柄不是出於神的。凡掌權的都是神所命的。所以，抗拒掌權的就是抗拒神的命；抗拒的必自取刑罰。作官的原不因為他是神的用人，是與你有益的。你若作惡，卻當懼怕；因為他不是空空的佩劍，他是神的用人，是伸冤的，刑罰那作惡的。"（《羅馬書》13:1-4）

　　此處所說的佩劍的權力就是世俗政權對犯罪施加刑罰的權力。在西方世界，啟蒙運動之前，罰源神授一直都處於通說的地位。柏拉圖也曾指出："根據哲學和世界的本來意義，習慣上被認為必要的神聖的制度應屬於神的規則。刑罰就是這樣的制度……犯罪擾亂了宇宙的和諧，而這種和諧必須得到恢復。……在遭受刑罰的過程中，犯罪人還報了被稱之為正義的宇宙秩序。"

中國古人將"天"作為萬物的起源，認為自然界、社會的一切都起源於"天"，君主之權力也出自天授，故稱"天子"。作為君主權力的重要體現——刑罰權，自然也來源於天。古代統治者都試圖用此理論將刑罰神秘化、權威化，將統治者對被統治者的刑事鎮壓，說成是履行"天"的意志，統治者不過是代天行罰，刑罰源自"聖人因天討而作五刑"。

《尚書·皋陶謨》有云："天討有罪，五刑五用哉。"《尚書·甘誓》記載夏啟攻伐有扈氏的檄文，這篇檄文相當於戰爭動員令。在檄文中，夏啟說自己奉上天之命令剿滅有扈氏，以"恭行天之罰"。

2. 罰源武力："兵"說

此說認為，刑罰起源於兵，來源於武力。相傳黃帝戰蚩尤於涿鹿，"以兵定天下，此刑之大者"。後世將此軍事討伐稱為"大刑"，《漢書·刑法志》口："大刑用甲兵，其次用斧鉞；中刑用刀鋸，其次用鑽鑿；薄刑用鞭扑。大者陳諸原野，小者致之市朝，其所緣來者上矣。"

古代不少學者認為，刑罰的產生與戰爭密不可分，《漢書·刑法志》記載："自黃帝有涿鹿之戰以定火災，顓頊有共工之陳以定水害。……夏有甘扈之誓，殷、周以兵定天下矣。""刑起於兵""兵刑同一"，最初的刑罰就是對在氏族戰爭中的戰敗者、叛亂者和違反軍紀者的處罰。遠古時期，兵刑並未嚴格區分，奴隸主用甲兵征討異族，用刑罰來統治已被征服的氏族，兵與刑的區別是"刑外"與"刑內"的關係，如司馬遷在《史記·律書》中就說："故教笞不可廢於家，刑罰不可捐於國，誅伐不可偃於天下。"家庭不能廢除教鞭，國家不能取消刑罰，天下也不可能沒有戰爭。刑罰刑內，誅伐（兵）刑外。司馬遷在《律書》的前幾章講的就全是有關軍事的問題，可以說《律書》就是《兵書》。在《史記·律書》開篇，他即表示："王者制事、立法、物度、軌則，壹秉於六律，六律為萬事根本焉，其於兵械尤所重。"

3. 罰源契約："契約"說

此說認為刑罰起源於人們締結的契約。該觀點最初由希臘哲學家呂科弗隆（Lykophron，約前 4 世紀上半葉）首倡，他認為"法律只是一種互相保證正義的協定，它理應成公民為善和正義的工具"，後經伊壁鳩魯（Epikouros，前 341－前 270）發展，及至 17 世紀、18 世紀為歐洲自然法學派發揚光大，其中尤以盧梭、貝卡里亞為此說之集大成者。

社會契約論認為，國家與法的形成，起源於早期人們為了獲得生存的社會保障而自願轉讓本屬於個人的一些自然權利而締結的社會契約，為了保障自己的利益，締約者同意如果自己侵犯了公眾的利益，就應當接受懲罰，盧梭指出："正是為了不至於成為凶手的犧牲品，所以人們才同意，假如自己做了凶手的話，自己也得死。"

意大利法學家貝卡里亞則更是明確闡明了刑罰權的起源，他說：在人類歷史的某個階段，為了爭奪利益，人們相互殘殺，朝不保夕，他們非常需要有種東西來"阻止個人專橫的心靈把社會的法律重新淪入古時的混亂之中"，"正是這種需要迫使人們割讓自己的一部份自由，而且，無疑每個人都希望交給公共保存的那份自由盡量少些，只要足以讓別人保護自己就行了。這一份最少量自由的結晶形成懲罰權"。

4. 罰源目的："定分止爭"說

此說試圖從刑罰的目的來闡明其起源。該說認為，規定刑罰的法律是為了定分止爭，"定分"指確定名分，即確定所有權；"止爭"指禁止爭奪。由於中國古代民刑不分，習慣用刑法調整財產權利，因此"定分止爭"的唯一方法也就是規定刑罰的刑法。

《荀子·禮論》從人欲出發闡釋了法律（主要是刑法）調整的重要性："禮起於何也？曰：人生而有欲，欲而不得，則不能無求。求而無度量分界，則不能不爭。爭則亂，亂則窮。先王惡其亂也，故制禮義以分之，以養人之欲，給人之求，使欲必不窮乎物，物必不屈於欲，兩者相持而長，是禮之所起也。故禮者，養也。""禮"，即禮法，亦習慣法也。正因為人之慾望無限，資源有限，因此必須通過法律定分止爭，而法律直接後果就是刑罰。需要說明的是，"定分止爭"說的前提是人性本惡，其實也就是"人欲"，每個人都有自己的慾望，因此，也就必須有禮義規範來約束人性之惡。所以《荀子·性惡》說："故古者聖人以人之性惡，以為偏險而不正，悖亂而不治，故為之立君上之勢以臨之，明禮義以化之，起法正以治之，重刑罰以禁之，使天下皆出於治，合於善也。是聖王之治而禮義之化也。"

荀子的學生韓非更是用人口增殖而財富不增的理論，表明了以"刑""定分止爭"的必要性。《韓非子·五蠹》曰:"古者,丈夫不耕,草木之實足食也;婦人不織,禽獸之皮足衣也。不事力而養足,人民少而財有餘,故民不爭。是以厚賞不行,重罰不用,而民自治。今人有五子不為多,子又有五子,大父未死而有二十五孫。是以人民眾而財貨寡,事力勞而供養薄,故民爭,雖倍賞累罰而不免於亂。……是以古之易財,非仁也,財多也;今之爭奪,非鄙也,財寡也。輕辭天子,非高也,勢薄也;爭土橐,非下也,權重也。故聖人議多少,論薄厚,為之政。故罰薄不為慈,誅嚴不為戾,稱俗而行也。"韓非還舉例說:一只兔子在野外奔跑,一群人都會去追趕;而將一百只兔子關在市場的籠子中,或把一頭牛拴在路邊,卻無人去牽動。這是為什麼?就是因為野外的兔子名分未定,誰追着就是誰的;而市場上的百兔或牛的名分已定,誰再擅自牽拿,即有可能被定為"盜",要受到刑罰。

5. 罰源正義:"正義"說

這派學說認為:刑罰的產生是因為正義的要求。此說為德國著名哲學家康德、黑格爾所主張。"其要領略謂吾人有正義之觀念,要求對不正加以相當之責而贖罪。故社會對犯罪科處刑罰系因此正義之要求。"康德指出:如果你誹謗了別人,你就是誹謗了自己;如果你偷了別人的東西,你就是偷了你自己的東西;如果你打了別人,你就是打了自己;如果你殺了別人,你就是殺了你自己。因此國家處罰犯罪人,就是滿足犯罪人"報復的權利",而這樣做正是對犯罪人人格的尊重。換言之,國家有義務對犯罪人施以刑罰,"如果不這樣做,……是對正義的公開違犯"。

黑格爾更是認為：犯罪是對法的否定，刑罰是對犯罪的否定，所以刑罰不過是否定之否定，刑罰具有自在自為的正義，加於犯罪人的刑罰不但是自在地正義的，因為這種刑罰同時是他自在地存在的意志，是他的自由的定在，是他的法，所以是正義的；不僅如此，而且它是在犯人自身中立定的法，處罰他，正是尊敬他是理性的存在。如果國家不對犯罪人處以刑罰，他就得不到這種尊重。

6. 罰源防衛："社會防衛"說

此說認為刑罰之所以產生，是為了防衛社會免受犯罪的侵害。這種觀點最初由刑事實證學派所倡導。如刑事實證學派創始人龍勃羅梭認為："野獸食人，不必問其生性使然，抑故爾作惡；吾人遇之，必斃之而已。禁錮瘋犯，亦同此自衛原理。……刑罰必從自衛論，方可無反對之地。" 他以進化論作為自己理論的依據，認為社會是一種客觀存在之物，受着進化理論的支配，因此，為了社會自身進化起見，對於侵害其生存的犯罪人，有打擊與抑制的必要，而國家的刑罰權正是從這種必要性中產生的。英國功利主義法學家吉米・邊沁也持此說，他認為：社會秩序，完全依靠國家維持，從維持國家秩序的需要來看，國家有行使刑罰權之必要。

7. 罰源異族："苗民"說

這種關於刑罰起源的說法是中國刑罰起源的特有說法。

我國古代的刑罰，產生在文字起源之前。傳說周穆王時，命呂侯（也稱甫侯）作刑，制定了一部有"五刑之屬三千"的《呂刑》。《尚書‧呂刑》中說："苗民弗用靈，制以刑。惟作五虐之刑，曰法，殺戮無辜。爰始淫為劓、刵、椓、黥。"劓即割鼻之刑，刵是割耳之罰，椓即宮刑，黥即墨刑，呂侯把造刑視為一種殘暴、犯罪。

呂侯造刑源自何處？《呂刑》認為來源於苗民。苗民也稱三苗，在堯、舜時代一直臣服於黃帝。在古人看來，三皇五帝皆為仁聖之君，善於教化臣民，平怨息爭，天下太平，和平興旺。這些聖王是不會用殘暴手段對待臣民的。但為什麼三皇五帝的後人所生活的年代會出現刑罰呢？為給當時廣泛使用的肉刑找到出處，呂侯他們便把這些刑罰歸咎於苗民，認為刑罰起源於苗民。由於"今不如古"，禹以後的帝王仁德不如五帝，故援用了苗民的刑罰。但是由於這些帝王較之野蠻的苗民還是要寬仁得多，於是他們不斷對苗民的刑罰進行修改，使之由重變輕，最後發展成了周時使用的五刑。而周穆王又定"贖法"，使受刑者得以金贖刑，這當然也就顯得更仁義無比了。

為了突出三皇五帝的仁德，先人們還向我們描述了歷史上的一個黃金時代。在這個時代，不存在死刑和肉刑。《路史‧前紀》說祝誦氏："刑罰未施而民勸化。"《路史‧後紀》說神農氏："刑罰不施於人而俗善。"《商君書‧畫策》也說："神農之世，……刑政不用而治。"桓譚《新論》總結道："無制令刑罰謂之皇。"沒有刑罰，正是三皇所以被稱為皇的緣故。人們又說，當時的華夏大地只有象刑，而無肉刑。象刑者，顧名思義，只是一種象徵性的刑罰。《尚書大傳》說："唐虞之象刑，上刑赭衣不純，中刑雜屨，下刑墨幪，以居州里，而民恥之。"意思是犯輕罪的人蒙上黑色頭巾，犯中罪的人穿上特殊的鞋子，犯重罪的人則讓其穿上赭色無領的衣服，讓犯罪的人感到羞恥。但對這種說法，早在戰國時期就有人提出異議。如荀況就認為"象刑殆非生於治古，並起於亂今也"，古無肉刑也就不可能有象刑，只是先人們為了維護三皇五帝仁德聖明的形象，一直不願承認歷史的真實，久久地沉浸在對實行象刑的治世的仰慕、向往之中。

上述諸多學說，雖然在今人看來，有些不乏荒誕，但它們畢竟是人類在特定時候的一種認識，以大歷史的眼光來看，至少具有歷史合理性。罰源"天"說與當時君權神授的觀念密不可分，在普遍敬畏天道的古代社會，這種學說顯然能為刑罰的正當性提供最強有力的辯護，有助於在短時間內統一社會認識，維護社會秩序，同時它還能夠在某種意義上約束統治者行為，讓其恪守天道，毋要過分濫施刑罰，否則將遭天譴。罰源"苗民"說雖將當時的殘暴刑罰歸咎於苗民，於實際似有不符，但其正是希望從遠古尋找刑罰輕緩的根據，藉助"今不如古"的邏輯改革當時殘暴的刑罰制度，有意思的是，中國古代、近代的歷次改革皆因循此種邏輯。罰源"契約"說更是具有重大的啟蒙意義，正是這種理論開啟了人類廢除酷刑、限制刑罰權的大潮，刑罰人道主義開始深入人心，但是契約論並不符合國家初始狀態的實質，它帶有理想主義的色彩，是以現代觀點解說古代社會，"國家根本不是一個契約，保護和保證作為單個人的生命財產也未必說是國家實體性的本質，反之，國家是比個人更高的東西，它甚至有權對這種生命財產提出要求，並要求其為國犧牲"。

至於其他學說，也並非完全錯誤，它們至少在表象上解釋了刑罰的起源：刑罰與刑罰的產生和戰爭密不可分，正是因為戰爭才有最初的軍律；刑罰當然要定分止爭，否則人類社會無法正常運作；刑罰更要符合正義的要求，否則它就不可能常行於世；刑罰當然也要防衛社會，保證社會的基本秩序。

然而表象並非實質，透過表象，我們應該窺見更深的本質。刑罰當然不是誰創造的，所謂呂侯作刑，只是古人的一種攀附之說，即使史上存有其事，呂侯也不過是將以前的經驗總結提煉。刑罰是一種自生自發的東西，它和道德、宗教、語言、書寫、貨幣、市場以及整個秩序，都是"人之行動而非人之設計的結果"（哈耶克語），刑罰是一種進化的結果，在進化過程中，它漸漸滿足了戰爭的需要，實現了定分止爭的目的，符合正義的要求，維護社會的秩序，最後逐漸為統治階層總結定型。

二、回溯與前瞻

中國的刑罰發展經歷了三個階段，貫穿了兩種發展趨勢。

第一個階段是奴隸制舊五刑從形成到衰亡階段。

舊五刑為：墨、劓、刖、宮、大辟。以肉刑為主，主要存在於奴隸制社會。根據現有的史料記載，五刑在夏朝已初具雛形，《左傳·昭公六年》說："夏有亂政，而作《禹刑》。"《尚書·大傳·甫刑》中有"夏刑三千"的記載。《周禮·秋官·司刑》注曰："夏刑大辟二百，臏辟三百，宮辟五百，劓、墨各千。"五刑在夏朝已經存在，當是不假。到了商朝，五刑就更通行了。《左傳·昭公六年》："商有亂政，而作《湯刑》"。"湯刑"是商代法律的總稱，它是在《禹刑》的基礎上增刪而成，其中有許多關於五刑的記載，今天出土的甲骨文也可資佐證。西周時，五刑制度趨於完善。據《周禮·秋官·司刑》記載："掌五刑之法，以麗萬民之罪。墨罪五百，劓罪五百，宮罪五百，刖罪五百，殺罪五百。"

舊五刑異常野蠻、殘酷。《周禮·秋官·司刑》注曰："墨，黥也。先其刻面，以墨窒之。""劓，截其鼻也。""刖，斷足也。周改臏作刖。""宮者，丈夫則割其勢，女子閉於宮中。"大辟則更是用諸多匪夷所思的方法致人斃命。除此以外，為了維護統治階層的統治，統治者還發明了無數更為嚴酷的刑罰，如《漢書·刑法志》記載："陵夷至於戰國，韓任申子，秦用商鞅，連相坐之法，造參夷之誅，增加肉刑、大辟，有鑿顛、抽脅、鑊烹之刑。"

漢初亦沿襲秦制，"漢興之初，雖有約法三章，網漏吞舟之魚，然其大辟，尚有夷三族之令。令曰：當三族者，皆先黥，劓，斬左右止，笞殺之，梟其首，菹其骨肉於市。其誹謗詈詛者，又先斷舌。謂之具五刑"。其刑之殘酷較之暴秦，毫不遜色。

漢文帝十三年（前 167），文帝下詔廢除肉刑，歷史終於迎來轉機。文帝下詔曰："當黥者，髡鉗為城旦舂；當劓者，笞三百；當斬左止者，笞五百。"這是中國刑罰史上一次劃時代的變革，它標誌着曾經盛行一時的舊五刑制度走向衰亡，雖然這一過程仍是無比漫長。

第二個階段是封建制新五刑從形成到衰亡階段。

文帝廢肉刑，為封建新五刑的發展奠定了基礎，雖然其後不乏肉刑存廢之爭論，但總體說來，奴隸制的舊肉刑已日暮西山、窮途末路。隨着政治、經濟的發展，封建制五刑逐漸發展成熟。

北齊和北周時期出現了新五刑的萌芽，北周五刑曰：杖、鞭、徒、流、死。北齊五刑曰：杖、鞭、刑罪、流、死。肉刑基本被剔除乾淨。

隋唐時期大一統局面的重新建立為新五刑的完備提供了契機。隋《開皇律》正式確立了笞、杖、徒、流、死這種新的五刑體系，這是一種以身體刑和生命刑為主的刑罰體系。"其刑名有五：一曰死刑二，有絞，有斬。二曰流刑三，有一千里、千五百里、二千里。應配者，一千里居作二年，一千五百里居作二年半，二千里居作三年。應住居作者，三流俱役三年。近流加杖一百，一等加三十。三曰徒刑五，有一年、一年半、二年、二年半、三年。四曰杖刑五，自五十至於百。五曰笞刑五，自十至於五十。"唐承隋制，將此制度發展完備，一直延續至清末。

伴隨着封建制度從興盛走向衰敗，封建新五刑制度歷時一千多年，也逐漸走向衰亡。唐代以後，宋、元、明、清諸朝皆面臨嚴重內憂外患，階級矛盾和民族矛盾互相交織，因此中央集權專制更加強化，重刑主義開始抬頭，新五刑制度雖被沿用，但一些曾被摒棄的肉刑制度又死灰復燃（如宋朝之刺配法），甚至一些更為嚴酷的刑殺手段也開始出現，其著例為凌遲刑的廣泛應用，宋及以後諸朝，皆將凌遲作為法定刑種，刑罰一度又復歸"野蠻"狀態。曾經先進的五刑制度越來越僵化落後，逐漸為時代所拋棄。

第三個階段是近現代新五刑的發展成熟階段。

近代以降，封建統治搖搖欲墜，封建五刑趨於解體。由於清朝的刑罰制度過於殘忍，與西方先進的刑罰理念嚴重衝突，因此列強要求領事裁判權，公然僭越清朝司法主權。無奈之下，為收回司法主權，清政府不得不變更法律，這就是清末修律。光緒二十六年（1900），八國聯軍攻陷北京，慈禧攜光緒西逃，途中頒佈罪己詔，曰："法令不更，錮習不破；欲求振作，當議更張。"表露修法之意圖。隨後，列強皆以放棄領事裁判權為誘，要求清政府修改法律。光緒二十八年（1902），清政府任命刑部左侍郎沈家本和駐美大使伍廷芳為"修訂法律大臣"，並下令"將一切現行律例，按照交涉情形，參酌各國法律，悉心考訂，妥為擬議，務期中外通行，有裨治理，俟修定呈覽，候旨頒行"（《大清光緒新法令》）。光緒三十一年（1905），沈家本上奏《刪除律例內重法折》，請除舊律之凌遲、梟首、戮屍以及緣坐、刺字等野蠻酷法，得到清政府首肯，光緒隨即頒發上諭："嗣後凡死罪，至斬決而止，凌遲及梟首、戮屍三項，著即永遠刪除。"宣統二年（1910）五月，清政府頒行了《大清現行刑律》，重定刑罰體系，分罰金刑、徒刑、流刑、遣刑、死刑五種，仍部份保留封建五刑體系。宣統二年十二月（1911年1月），清政府又頒佈《大清新刑律》，正式廢除封建五刑制度，確立近代刑罰體系，將刑罰分主刑和從刑。主刑有罰金刑、拘役刑、有期徒刑、無期徒刑和死刑，從刑有褫奪公權和沒收。從此，封建五刑制度被徹底拋棄，以自由刑為中心的近現代新五刑體制開始出現。

清政府覆滅之後，《大清新刑律》所建立的新五刑體系為北洋政府和國民黨政府效法。新中國成立後，更是將這種五刑體系發揚光大。1997年通過的《中華人民共和國刑法》規定，刑罰分為主刑和附加刑，主刑有管制、拘役、有期徒刑、無期徒刑、死刑五類；附加刑有罰金、剝奪政治權利、沒收財產三類。以自由刑中心的五刑體系發展定型。

從奴隸制五刑到封建制五刑，再從封建制五刑到近現代五刑，這一過程漫長而艱難。在這一過程中，有兩個趨勢體現得尤為明顯。

其一是從刑罰氾濫到刑罰法定。自從成文刑法產生以來，人們一直希望用法律手段對刑罰加以約束，因此刑名體系一直為歷朝法典所重視。但是人治傳統決定了對刑罰權的約束和限制不可能真正實現，中國古代盛行的世輕世重刑罰原則就是著例。《尚書·呂刑》說："刑罰世輕世重，惟齊非齊，有倫有要。"刑之輕重要根據形勢變化，不能固定，否則即為"齊"，無法適應社會生活的變化，"法有限，而情無窮"。正是這種刑罰思想導致刑罰的氾濫。雖然無論是奴隸五刑制度，還是封建五刑制度都試圖對刑罰作出限制，但是在實際中，法外之刑五花八門，以宋朝為例，雖然法典載明五刑，但在五刑之外，還有斷食、水淹、黥、掉柴（斷薪為杖，抨擊手腳）、腦箍（纏繩於首，加以木楔）、夾幫（木索夾犯人脖子）、剖腹、醢、脯、超棍等刑罰。

直到 20 世紀初，罪刑法定原則的出現才將刑罰權真正限制在法律之下，刑罰法定開始成為現實。1908 年頒佈的《憲法大綱》規定："臣民非按照法律規定，不加以逮捕、監禁、處罰。"1911 年頒行的《大清新刑律》更是明確了罪刑法定原則——"法律無正條者，不問何種行為，不為罪"。刑罰種類亦被限定，國家只能在法律的限度內施加刑罰，不允許法外施刑，也堅決禁止法外造刑。1997 年《中華人民共和國刑法》亦是延續此規定，該法第三條規定："法律明文規定為犯罪行為的，依照法律定罪處刑；法律沒有明文規定為犯罪行為的，不得定罪處刑。"刑罰權這種曾無限膨脹的"利維坦"終於被束縛在法律的軌道之下。

其二是從刑罰殘忍到刑罰人道。古代刑罰異常殘酷，僅死刑方式就有數十種，如《明大誥》不僅有"族誅、凌遲、梟首、腰斬、剝皮、棄市、抽腸"等前代使用過的死刑，而且還自創"挑筋去腸""抽腸洗刷"等酷刑，種種不得好死之法，駭人聽聞、令人髮指。但是，刑罰日臻文明的歷史規律不容抗拒。無論是漢文帝除肉刑，廢連坐，隋唐定五刑刑名、廢除歷代沿用之諸多酷刑，還是清末建立新五刑制度，將死刑執行方式簡化統一，人類都一直沿着刑罰人道的路徑前行，雖然這一過程無比漫長，不乏波折。從漢文帝十三年（前 167）始廢肉刑，到隋文帝開皇元年（581）正式確立新五刑，共歷七百四十餘年，從封建五刑建立到清末近現代五刑制度的確立，凡千餘年，人類從野蠻到文明的演進過程可謂荊棘遍佈，艱辛無比。

第二章

反反覆覆的肉刑興廢

在刑罰的演進過程中，肉刑是一個必須討論的問題，肉刑的興廢幾乎貫穿刑罰發展的始終，一部刑罰的歷史在某種意義上就是肉刑從興起到廢除的過程。

中國古代的刑罰可分為奴隸制舊五刑和封建制新五刑。前者是指墨、劓、剕、宮、大辟。後者是指笞、杖、徒、流、死。舊五刑在漢文帝之前通行，新五刑在隋唐之後通行。

從狹義的角度來說，舊五刑中除了大辟即死刑外，其他四種都叫作肉刑，因為這四種刑罰是對肉體的直接摧殘，受刑後無法復原。舊五刑轉化為新五刑的一個標誌性事件就是漢初文帝廢肉刑，以笞、徒取代了長期存在的墨、劓、剕三種肉刑，這在刑罰史上具有劃時代的意義，是刑罰從野蠻、殘酷逐步邁向文明、人道的里程碑。然而文帝廢除肉刑後，肉刑又幾經反覆，直到清末才被徹底廢除。從廣義的角度來說，笞刑、杖刑也是對身體的折磨和摧殘，也可視為肉刑的範疇。這種肉刑在清末刑法改制中才被廢除，它是刑罰史上又一個劃時代的事件，標誌着傳統刑罰向近現代刑罰的轉變。從更廣義的角度來說，死刑這種剝奪人之生命的刑罰何嘗不是更為殘忍的肉刑。

一、肉刑縱覽

為了討論的方便，本章只介紹狹義的肉刑，即對身體造成不可恢復的傷害的肉刑，主要是舊五刑中的墨、劓、剕、宮。

1. 墨刑

墨刑又稱黥面、黔面，是在人身體上（主要是臉上）刺字，然後塗上墨汁等顏料，待墨汁浸入血肉，皮膚變色，傷口愈合之後所刺之字也就成為永久的恥辱記號，所謂"墨，黥也。先刻其面，以墨窒之。言刻額為瘡，以墨窒瘡孔，令變色也"。最初，墨刑是在人額頭上刺墨，刺在面的上部，所以墨刑又叫天刑，後來才在人的臉面上刺墨，也就是黥，只不過後來人們對墨與黥不再區分，一律統稱為墨刑。古有"中刑用刀鋸，其次用鑽鑿"之說，鑽是斷人足脛的刑具，而鑿就是實施墨刑的工具，後世墨刑工具才改為針刺。在人的面部刺字，犯人在受刑時的疼痛可想而知。有時傷口感染，黥面甚至會危及生命。然而在舊五刑中，墨刑仍屬於最輕微的刑罰，但是它毀人容顏，給人留下終生無法抹去的恥辱痕跡，其痛苦當是不言而喻。

墨刑自堯舜時開始興起，到了夏朝時被處以墨刑的罪名竟達上千種，所謂"夏墨辟千"。商周時期，墨刑也被廣泛適用，當時一些微小的犯罪都可以被處以墨刑，因此《尚書·呂刑》說："墨罰之屬千"。春秋戰國時期，墨刑得到進一步發展，在古籍中有大量留名留姓的受刑之人。如商鞅變法之時，太子觸犯新法，為了維護新法的尊嚴，商鞅將太子的老師公孫賈處以墨刑，讓太子之師臉上帶着記號行走於朝廷，其威懾效果可想而知，史書說一時之間，"秦人皆趨令"。

秦朝時，墨刑又有新的發展，主要是作為與勞役刑相結合的附加刑。如黥為城旦，黥為隸妾等，這都是在處以勞役刑的同時施加墨刑。其實在西周時期，就有將墨刑犯人充當勞力的先例，當時，奴隸主常把墨刑犯人充作守門人，即"墨者使守門"。因為這些人的臉上有記號，沒法逃跑，而且四肢健全，不影響勞動。到了秦朝時，這種舉措就成為一種固定的懲罰形式。

秦始皇三十四年（前213），丞相李斯奏請焚燒《詩》《書》等儒家書籍，規定說，如果命令下達之後三十天內不燒者，要"黥為城旦"。犯人不僅要承擔修護城牆的苦役（城旦），而且還要被刺字羞辱。漢初名將英布就受過這種刑罰，在受黥之後，發配驪山，所以有人譏稱其為"故驪山之徒"。據說英布少年時曾有一相士為其算命，說他"當刑而王"，也就是受了肉刑後就可以成王了。英布成年後，果然犯法被罰，並欣然受黥，後來參加秦末起義，還真被封為淮南王。不過功高震主，英布後為劉邦所殺，成了"反革命頭領"，因此為其作傳的司馬遷和班固都稱其為"黥布"，而捨其大名"英布"不用。

由於墨刑具有不可逆轉性，一旦受刑，終生難以為人，不符合儒家教化為先的原則，公元前167年，漢文帝劉恆下詔廢除肉刑，墨刑首先被廢，黥面之刑被改為"髡鉗為城旦舂"。受刑之人不再刺字，改為男子剔去頭髮鬍鬚並以鎖束項，去做為期五年的"城旦"苦役，女子則做五年的舂米苦役。此後直至漢末，墨刑都沒再實行。但其中有個小小的插曲，據《匈奴傳》記載：西漢王烏出使匈奴之時，匈奴曾有規定，漢朝的使節如果不墨黥其面，不得進入單于所居住的穹廬。王烏從大局出發，只能順從匈奴的規矩，"黥面入廬"。單于大喜，並欣然許諾讓太子到漢朝作人質，求與漢和親。當然有人認為，史書的記載並不一定準確，匈奴也許沒有墨刑之俗，王烏最多不過是以墨塗面，象徵性黥面，而非真的用刀刻其臉，這和墨刑有本質的區別。

兩晉南北朝時期，一度被廢的墨刑又被恢復，而且有非常細瑣的講究。當時的法律規定，奴婢若逃亡，抓回來之後要用墨和銅青色的顏料在兩眼上方刺字；如果再逃跑，就要在兩頰上刺；第三次逃跑，則黥兩眼下方。每次黥臉，都要使黥痕長一寸五分，寬五分。南朝泰始四年（468），宋明帝也下詔恢復墨刑和刖刑，規定對那些犯劫竊官仗、傷害吏人等罪者依律當斬之人，如遇赦令，改為在犯人兩頰黥上“劫”字，同時割斷兩腳筋，發配邊遠軍州。如果說秦漢以前的墨刑或者是作為主刑使用，或者是作為城旦等勞役刑的附加刑，那麼南朝的墨刖之刑顯然是將墨、刖、流三刑並用，其殘忍性大為提升。

隋唐時期，墨刑再次被廢，但到五代十國時，墨刑又被恢復，當時為了便於捉捕逃亡士兵，許多兵卒臉上都被刺字，被稱為“黥面天子”的後周皇帝郭威在年輕時就曾受過墨刑。

北宋的刺配之法是對墨刑更大範圍的恢復。在漢文帝廢除肉刑之後，流刑逐漸發展為生死之間的中刑，但是其懲罰力度隨着時代的發展已逐漸降低，很難拉開死刑與徒刑之間的距離，實現降死一等的目的，因此北宋統治者在流刑的基礎上附加黥面，從此刺配之刑正式進入新五刑之中，一直延續到清末。刺配法的廣泛適用導致黥面的刑具大有改進，當時的墨刑已一律改用針刺，因而又稱為黥刺。宋代黥刑適用很廣，流、徒、杖刑都可以附加黥刑，特別流刑（加役流）則必須附加黥面，同時還要先行杖決，所以明人邱濬說這是“一人之身，一事之犯，而兼受三刑”，其殘忍性可想而知。

宋朝的黥面非常講究，有刺面、刺額角和刺耳後的區別。刺墨的花紋也不相同，有的刺字，有的刺其他圖形。對犯一般盜罪的，在耳後刺環形；對強盜罪，在額頭上刺“強盜”二字；對應當受徒、流刑的刺方形，受杖刑者刺圓。刺墨的深度也有區分，一般是根據所發配地區的遠近而定：配本城的刺四分，配牢城的刺五分，配沙門島和遠惡州軍的刺七分。

所刺之字必須依照律條的規定，官員不得任意刺字。當時有個笑話，說是有個叫陳東的在蘇州做官時，曾命屬下對一名處以充軍發配的犯人進行墨刑，刺上"特刺配"三字。幕僚見後說："凡刺'特'字的犯人，罪行遠遠重於此犯，'特'字的使用權在朝廷，我們小小蘇州府使不得！"陳東隨即糾正，命屬下改"特刺"為"准條"（即依據律令條文），重新刺刻。後來，有人向朝廷推薦陳東的才幹時，朝廷某官問道："莫非是在人臉上起草稿的那個陳東嗎？"

到南宋孝宗時，到處充斥被刺配之人，全國各郡監牢達數十萬人。正如"城旦黥"為秦末起義提供了源源不斷的生力軍，刺配之刑也埋下了大宋王朝覆滅的伏筆，《水滸傳》中被逼上梁山的八十萬禁軍教頭豹子頭林沖、及時雨宋江、打虎英雄武松豈不都是刺配之人？

受宋法的影響，遼代刑法也有黥刺。起初所黥部位和北宋相似，但後來有人認為這種做法太過嚴厲，是犯一罪而具三刑，應予廢除。重熙二年（1033）遼興宗耶律宗真大發慈悲，下詔曰："犯罪而悔過自新者，亦有可用之人，一黥其面，終生為辱，朕甚憫焉。"於是墨刑有所變化，犯人的臉面不再受黥，而改刺頸項和手臂。對判為徒刑之人，改刺在頸部。奴婢私自逃走被抓回，如果同時盜竊主人財物，主人也不得黥刺其面，只能刺其頸或臂上。犯盜竊罪的，初犯刺右臂，再犯刺左臂，第三次犯刺脖頸的右側，第四次犯刺脖頸的左側，如果第五次犯則要被處死。

元代的墨刑更加普遍，在法律中已不是規定什麼行為處墨刑，而是反過來規定什麼情況可以免刺。由於元代刺刑太多，以至於很多人一刺再刺，還有些人則想方設法要把刺痕抹掉。但是統治者還是有辦法刺上加刺，法律規定，犯罪被刺字之人把所刺之字自行除掉又犯新罪的，補刺；已被刺臂之人把整個胳膊都刺上花紋，以掩蓋原刺的，如果再犯盜竊，於背部刺之；累犯盜竊，左右項、臂部都已刺字而又犯的，於項下空處刺。但是，為了體現對蒙古人的特殊優待，法律規定蒙古人犯罪，不得刺字，另外由於婦女的容貌對其至關重要，因此婦人犯罪也可免刺。

明代的黥刑和宋元基本相似。對於盜竊犯，初犯者要在右小臂上刺“盜竊”二字，再犯者刺左小臂，第三次犯者要處以絞刑。對於白天搶劫的，要在右小臂上刺“搶奪”二字，如果再犯搶奪，要在右小臂上重刺。刺字之人如果擅除原刺的，還要被補刺。清代的黥刑主要施用於奴婢逃跑，而且常和鞭刑並用，稱為鞭刺，後對盜竊犯也可適用黥刑，兩者的區別在於前者是在面上刺字，後者是刺在臂上。康熙初年曾有過改革，對於逃亡的奴婢不再面部刺字，只和盜竊罪一樣刺小臂。後來又恢復以往的規定，理由是如果逃亡者刺小臂，逃亡者會越來越多，無法稽查，因此仍舊改為刺面。到了清末，黥刑終於走到盡頭，被徹底廢除。

2. 劓（音 yì；粵 ji6）刑

《戰國策》中有個故事，說的是劓美人鄭袖固寵。鄭袖是楚懷王的寵妃，生性妒忌多疑。一次魏王給楚王送了一位美人，楚王非常高興，這當然讓鄭袖恨得咬牙切齒。但是懷王喜歡美人，鄭袖也不能亂來，一哭二鬧三上吊這種沒有技術含量的爭風吃醋估計會讓楚王更加反感，於是鄭袖假裝逢迎美人，把好吃的，好玩的，好穿的，全都送給了美人，對美人的關心愛護懷王也自歎弗如。不僅是美人，就連楚王也大為感動，說："婦人所以事夫者，色也；而妒者，其情也。今鄭袖知寡人之說新人也，其愛之甚於寡人，此孝子之所以事親、忠臣之所以事君也。"消除了楚王的顧慮和美人的戒心後，鄭袖開始像老大姐一樣和這位初來乍到的美人交心："大王可喜歡你啦，只是你的鼻子不太好看，大王不太喜歡。今後你見大王時，應該把鼻子捂住，這樣大王就會更喜歡你了。"美人信以為真，就照着鄭袖的囑咐去做。楚王覺着奇怪，就問鄭袖："夫新人見寡人，則掩其鼻，何也？"鄭袖回答道："她嫌棄大王口臭啊。"懷王大怒，於是下令割掉美人的鼻子。

楚王對美人所施用的刑罰就是劓刑了，也就是將人鼻子割掉的一種刑罰。想象一下，美人鼻子被割，從此人不像人，鬼不像鬼，這可比殺了她還殘忍。

劓刑是我國古代最早的五刑之一，"五刑，截鼻為劓，故劓為割"。根據《尚書》的記載，遠在夏朝初期劓刑就已出現，《周禮·司刑》說"夏劓千"。商周時期，劓刑也曾廣泛適用，商王盤庚遷殷時，曾嚴厲警告他的臣民："乃有不善不道之人顛隮逾越不恭上命者，及暫時所遇為姦為宄行道者，我小則加以劓，大則殄滅之。"（《尚書·盤庚·蔡傳》）意思是對那些不服從命令，為姦邪之事的人，過錯小的要處割鼻之刑，過錯大的則要處死。周初"劓罪五百"，劓刑是作為重於墨刑，輕於宮刑的一種肉刑使用。西周中期，周穆王進行改革，將劓刑的適用範圍增至千條。由於法網繁密，人們動輒得咎，許多人都被割鼻受刑。人沒了鼻子，面貌自然醜陋不堪，統治者於是"廢物利用"，"以貌醜遠之"，將他們派往邊關守衛，也就是所謂的"劓者使守關"。當時距京師五百里之外的三關有十二座關門，都是受劓刑的人把守。

春秋戰國時期，劓刑仍被沿用。《左傳・昭公十三年》記載，春秋末楚靈王荒淫無道，公子比推翻靈王時，大將觀從在前線向楚靈王隨從人員宣佈"先歸復所，後者劓"，對於不歸順者處割鼻之刑。秦孝公時，商鞅推行新法，遭到太子駟的師傅公子虔、公孫賈為代表的舊勢力的反對，新法頒佈不久，他們教唆太子犯法，為此公孫賈被黥面受罰。後來，公子虔再次觸犯新法，商鞅一不做，二不休，下令將公子虔處以劓刑。

劓刑在當時也曾廣泛作為懲罰士兵的刑罰。《商君書・境內》記載，當時秦國規定，凡攻城之戰，兵士如"不能死之，千人環，規諫，黥劓於城下"。嚴厲的軍紀造就了秦國的虎狼之師。不過物極必反，劓刑的殘酷有時反而會大大加強對手的鬥志，搬石頭砸自己的腳。《史記・田單列傳》就記載了這樣一個故事，當時齊國和燕國交戰。燕兵進犯齊國，齊國力弱，危如累卵，守將田單于是放出風聲："吾唯懼燕軍之劓所得齊卒。"燕人不知是計，果然將齊國俘虜全都處以劓刑。城中的齊兵看到燕軍中的齊軍俘虜都成了沒有鼻子的人，非常憤怒，於是鬥志倍增，田單借勢大敗燕兵。

春秋戰國受劓刑的人實在太多，鼻子被割，就和黥面一樣，無法恢復，無法掩蓋，受刑之人很難在當地生活下去，於是很多人結夥逃到邊遠夷人居住之地。夷人看到這些臉上刺着字，鼻子也沒有的人就感到奇怪了，人怎麼會長成這樣啊？這些人於是欺騙夷人說"中國之人皆墨劓為俗"，割掉鼻子，臉上刺上花紋是一種風俗，我們那邊的人都這樣。夷人恍然大悟，由於非常仰慕中原文化，於是競相效仿，紛紛割去鼻子，臉上刺上花紋，結果在夷人那裏還真形成了相對固定的風俗習慣。以至於很久以後，某些地區的少數民族還保留墨劓的習俗，上文提到的王烏黥面觀見匈奴單于，不知是否與這有關。

又據《後漢書·西羌傳》，羌族"披髮左衽"的披髮風俗也與劓刑有關。戰國時期，西邊的少數民族統稱為戎，其中就包括羌族，也即羌戎。為了爭奪領土，西邊的戎屢受列國侵擾，秦惠王對戎更是趕盡殺絕，將秦國的最後一部份戎也絞殺殆盡，所謂"自是中國無戎寇"。眼看着戎族就要遭受滅頂之災，一個叫爰劍的羌人從秦國逃跑，在逃亡途中，爰劍碰到了一位少女，少女將其藏在岩洞。秦兵發現後放火焚燒山洞，但火總是燒不進去，秦兵以為有神明相助，於是紛紛逃跑。爰劍很感激這位少女，就和她結為夫婦，一齊逃往三河地區（今青海、甘肅一帶湟水、洮河、黃河三河交匯處），糾集殘餘族人重新聚居在一起。爰劍還將在秦國當奴隸時學會的種田和畜牧的技術教給族人，由此羌族慢慢強盛起來，到西漢時已發展成一個非常強大的民族。與爰劍婚配的少女受過劓刑，對此一直耿耿於懷，總是把頭髮打散鋪在臉上以遮擋醜貌，羌族人為了尊敬她，不論男女老少都將頭髮打散披在臉上並逐漸形成一種風俗。

黥劓之刑的廣泛適用，也在客觀上發展了當時的醫療技術。有個叫作救黥醫劓的成語，源自《莊子·大宗師》："庸詎知夫造物者之不息我黥而補我劓，使我乘成以隨先生邪？"意思是醫治刺面之傷，補上割掉之鼻，後來延伸為恢復本來面目，不知道這是不是最早的美容技術。

秦滅六國之後，劓刑更是家常便飯，而且還有新的發展。根據考古發現的秦代法律條文，當時的劓刑既可以作為主刑單獨使用，也可以作為附加刑和其他刑罰並合使用。最常見的是劓刑、墨刑和勞役刑同時使用。

如《睡虎地秦墓竹簡‧法律答問》記載："不盈五人，盜過六百六十錢，黥劓以為城旦。""當黥城旦而以完城旦誣人，何論？當黥劓。"就是將劓刑和墨刑兩種肉刑作為城旦的附加刑並合使用。在《封診式》中也有一份請求官府對家奴施加劓刑的記錄文書，說是"某里公士甲縛詣大女子丙，告曰：某里五大夫乙家吏。丙，乙妾殹。乙使甲曰：丙悍，謁黥劓丙"。翻譯成今文就是某里公士甲捆送大女子丙，控告說：本人是某里五大夫乙的家吏，丙是乙的婢女，乙派甲來說：丙強悍，請求對丙施加黥劓。僅僅因為女奴強悍，不夠溫順，就要割掉她的鼻子，這刑罰也真夠殘忍的。有秦一朝，被判劓刑之人不計其數。相傳，秦始皇曾將俘獲的六國軍士和百姓都割鼻懲處，一時之間沒有鼻子的人比有鼻子的人還多，以至於人們以無為正常，有鼻反而覺得醜了。

鑒於劓刑的殘酷，漢文帝十三年（前167），劉恆下詔廢除肉刑，改劓刑為笞三百，景帝時又改為笞二百。從此，作為一種正式的刑罰，劓刑被廢止。但是後世仍有人從歷史的垃圾桶裏將其撿起。南朝梁時，曾用劓刑取代某些死刑，後來在天監十四年（515），梁武帝蕭衍下詔："世輕世重，隨時約法，前以劓墨，用代重辟，猶念改悔，其路已壅，並可省除。"劓刑再次被廢，同時被廢的還有墨刑。

此後，在正式的刑罰中，只有一些少數民族治下的地區才存在劓刑，如唐代的吐蕃就曾廣泛存在劓刑，兩宋年間的金國也規定，對於犯重罪的贖刑者，要割掉鼻子或耳朵，以別於一般平民。元朝時，元順帝也曾下詔："盜牛馬者劓；盜驢騾者黥額，再犯劓；盜羊豕者墨項，再犯黥，三犯劓；劓後再犯者死。"其他朝代則鮮見劓刑的適用，但是在非正式的刑罰中，劓刑卻被一再拾掇。

3. 刖（音 yuè；粵 jyut6）刑

刖刑是一種斷足的酷刑，有一個叫作"屨賤踴貴"的典故就與刖刑有關。

春秋時期的齊國有一位著名的賢臣晏嬰，他曾輔佐齊國三位君主：靈公、莊公和景公，深知民間疾苦，體恤民眾，經常勸諫君主要為政儉約，寬刑減賦，對齊國政局的穩定、經濟的發展起到非常重要的作用。景公在位之初，好用嚴刑苛政，一時受刑之人非常之多，百姓苦不堪言。晏嬰看在眼中，急在心裏，但是又不好直接向景公諫言。有一次，齊景公看到晏嬰的住所離市場很近，十分嘈雜，想要給晏嬰換個安靜的地方。晏嬰婉言謝絕，說："先人住在這裏，我不足以承繼祖業，住在這裏已經很過分了，而且住在市場附近，早晚能夠從市場得到所需要的東西，這非常方便，不敢麻煩君上為我建造新宅。"景公於是問他："你在市場旁居住，那市場上什麼東西貴什麼東西賤啊？"晏嬰回答說："屨賤踴貴。"屨就是鞋子，而踴是"刖足者之屨"，是一種假足。晏嬰的意思顯然是在譏諷景公的嚴刑政策，造成受刖刑的人太多，人們不得不去買假腳戴上，以致假腳反而比鞋都貴。景公聽後，馬上醒悟，下令減輕刑罰。

　　刖刑，又稱荆刑，是舊五刑中重於劓刑而輕於宮刑的一種肉刑。堯舜時期，刖刑就曾存在；夏商時，刖刑已被廣泛使用。到了周代，刖刑就更普遍了，《周禮》說"刖罪五百"就是明證。

　　春秋戰國時期，刖刑的適用見諸各種史籍文獻。《孔子家語》記載：孔子的學生季羔曾經是衛國的士師（法官），曾判人刖足之刑。後來衛國發生蒯聵之亂，季羔欲逃走，到了城門，卻狹路相逢，遇上當時的刖足之人。可是奇怪的是，那人居然"以德報怨"，再三幫助季羔逃亡。季羔就納悶了，問道："吾不能虧主之法而親刖子之足矣，今吾在難，此正子之報怨之時，而逃我者三，何故哉？"那人回答道："斷足固我之罪，無可奈何，曩者君治臣以法令，先人後臣，欲臣之免也，臣知獄決罪定，臨當論刑，君愀然不樂，見君顏色，臣又知之，君豈私臣哉？天生君子，其道固然，此臣之所以悅君也。"意思是說受刖足之刑，是我罪有應得。可是，當初您審案之時，先判別人後判我，我知道您是想免除我的刑罰。到了判決已定，你的表情很不高興，我知道您不是出於私情來袒護我這個毫不相干的人，因為您本來就是仁義君子，在處理案件時總要表現出仁慈的心性。這就是我要救您的原因。季羔與刖者的故事可以作為古人法治觀念的一個特例，可見刖者心甘情願地接受斷足之刑，也可從一個側面印證當時刖刑的普遍。

　　《韓非子》中和氏璧的故事為國人所熟知，但這更是一個與刖刑有關的悲慘故事。

　　"楚人和氏得玉璞楚山中，奉而獻之厲王。厲王使玉人相之。玉人曰：'石也。'王以和為誑，而刖其左足。及厲王薨，

29

武王即位，和又奉其璞而獻之武王。武王使玉人相之，又曰：'石也。'王又以和為誑，而刖其右足。武王薨，文王即位，和乃抱其璞而哭於楚山之下，三日三夜，泣盡而繼之以血。王聞之，使人問其故，曰：'天下之刖者多矣，子奚哭之悲也？'和曰：'吾非悲刖也，悲夫寶玉而題之以石，貞士而名之以誑，此吾所以悲也。'王乃使玉人理其璞而得寶焉，遂命曰'和氏之璧'。"為了巴結君王，卞和獻上寶玉，可惜兩任楚王都不識貨，先是刖左足，後是刖右足，可卞和還是不死心，抱着玉璞大哭三天三夜，涕淚泣血感動了第三任楚王，收下了他的寶貝。

有人說卞和是玉癡，為了玉被人賞識，斷胳膊斷腿也在所不惜，但在更深的層面上，和氏璧的故事何嘗不是將國人千百年來對於權勢的極度渴望、媚從，以及根深蒂固的奴妾臣僕文化體現得淋漓盡致呢？玉的品質、人的才幹又何需權貴認可呢？有意思的是，這塊當時讓楚王不屑一顧的石頭後來竟成為最高權力的象徵並見證了政權的迭替興亡。和氏璧後來成為楚國的鎮國之寶。楚國衰落後，和氏璧落到趙惠王手中，而秦國昭襄王也想得到這塊玉，詐稱"願以十五座城"換和氏璧，虧得趙將藺相如"人與玉石俱亡"的堅決態度使得"完璧歸趙"。但後來秦滅六國，趙王乖乖地將和氏璧奉上，秦國宰相李斯在和氏璧上刻上"受命於天，既壽永昌"八個篆字，從此和氏璧就成為皇帝的玉璽，成為封建帝王權力的象徵。

和墨刑、劓刑一樣，刖刑的受刑人也還有一定的利用價值，斷足之人雖不能像常人那樣行走自如，但是看看門，驅驅獸還是可以的，所謂"刖足使守囿"，"斷足驅衛禽獸，無急行"是也。不過刖刑的受刑人終生拖着殘腿，無法掩蓋犯罪記錄，其社會地位之卑賤可想而知。不過卑賤之人也並非毫無用處，有時看不起他們反而會招致殺身之禍。

《韓非子・內儲說下》就記載了這樣一個故事：齊國有一位叫夷射的大臣，有一次，赴齊王的酒宴喝醉了，出了庭院，就倚靠在廊門。門房前來跪着請求：大人啊！不是還有剩酒嗎？請賜予在下吧！夷射一看，門房是受過刑只剩一條腿的人，於是，夷射說道：走開，受過刑的人，還敢向上討酒喝！門房等到夷射離開後，他就在門廊下灑水，弄成有人在此小便過的樣子。第二天早上，齊王走過庭院的時候，看到這個景象，於是屬聲問道：是誰居然在這裏小便？門房答道：我沒有看見，不過昨天夷射大夫在這裏站過。於是齊王將夷射處以死罪。人必自辱之然後人皆辱之，尊重別人也就是尊重自己，夷射的下場值得世人警醒。

與刖刑相似的一種刑罰叫作臏刑，《尚書刑德放》說："臏者，脫去人之臏也。"臏是人的膝蓋骨，將膝蓋骨剜掉也就是臏刑了。一般認為，臏刑比刖刑更嚴苛，因為去掉膝蓋骨後，大腿小腿之間失去了保護，小腿雖有如無，只能吊在下面，如秋千一樣搖來晃去，無法控制，也就無法行走了。而刖刑的受刑人雖然被斷足，但是戴上假肢（踴）後還是可以行走的，要不刖刑之人怎麼能守門呢？所以在古代的文獻中認為臏刑是四種肉刑中最重的一種刑罰，比去掉生殖器的宮刑還要殘酷，但是刖刑則是一種次於宮刑的肉刑。臏刑後來逐漸被刖刑取代，在某種意義上也符合刑罰從野蠻走向文明的趨勢。

戰國時著名軍事家孫臏就曾受過臏刑。孫臏本名失傳，就像英布受墨刑後被改稱黥布一樣，孫臏受刑之後才改為孫臏。據《史記》記載，孫臏是孫武後代，受祖先影響，他對兵法非常感興趣，而且頗有造詣，而他同的學龐涓則對兵法一知半解，淺嘗輒止，後來龐涓到魏國任職，他自知才學遠不如孫臏，生怕孫臏日後會超過自己，便設計陷害孫臏。龐涓先是客客氣氣把孫臏請到魏國來，然後誣陷孫臏，"以法刑斷其兩足而黥之"。孫臏雖受此奇恥大辱，但並未消極厭世，暫時的不順反而讓他發憤圖強。後孫臏被齊威王請去委以重任，齊魏交兵之時，孫臏大敗龐涓，終成一代兵法宗師，所謂"孫子臏腳，《兵法》修列"說的就是此事。

戰國秦漢時期，刖刑也稱斬止（通"趾"）。當時的斬止分為斬右止和斬左止，就刑罰強度而言，古人以右為上左為下，所以斬右止為重，楚國卞和就是被先刖左足，後刖右足。秦滅六國之後，刖刑的適用更是普遍，它往往和墨刑、劓刑等肉刑結合起來作為勞役刑的附加刑。如秦律規定：五人共同偷盜，得錢一文以上，就要處斬左止，並黥為城旦。漢代人桓寬在《鹽鐵論·詔聖》也指出秦時"劓鼻盈蔂，斷足盈車，舉河以西，不足以受天下之徒"。正是如此嚴酷的刑罰才讓秦朝迅速走向滅亡。

公元前 167 年，西漢文帝劉恆下詔廢除肉刑，將原斬左趾，改為"笞五百"，斬右趾改為棄市。景帝時，又將"笞五百"改為"笞三百"，後又減為"笞二百"。武帝時，又創造了一種鈦刑，對於某些刖刑之罪，用鈦左趾代替斬腳趾的刑罰。鈦是一種鐵制刑具，重六斤，套在犯人的左趾上。如《史記·平準書》記載：敢私鑄鐵器煮鹽者，鈦左趾。這種代替刖刑的鈦刑一直沿用到三國曹魏時期。

自文帝廢除刖刑以來，斷足酷刑就很少在正式的刑罰中出現，不過歷史也時有反覆，南北朝時期，斷足之刑曾一度恢復，而且比傳統的刖刑更為殘忍，具體施行方法叫作“斷腳筋”。《南史·宋明帝記》記載：泰始四年（468），宋明帝劉彧下詔恢復黥刖之刑，“凡劫竊執官仗、拒戰邏司、攻剽亭寺及傷害吏人，並監司將吏自為劫，皆不限人數，悉依舊制斬刑。若遇赦，黥及兩頰‘劫’字，斷去兩腳筋，徙付交、梁、寧州”。斷腳筋比一般的刖刑更加殘酷，所以有人說它與古之刖名異而實同。明帝死後，此刑就被廢除。

唐初刖刑也曾短暫存在，太宗李世民在位之初，長孫無忌、房玄齡等人修訂刑法時，曾將應處以絞刑的五十條罪狀都免死改為斷右趾。後來太宗又覺得此法不妥，對侍臣們說：“肉刑，前代除之久矣，今復斷人趾，吾不忍也。”經過反覆論證，終於廢除斷趾之刑，將之改為加役流三千里，附加勞役二年。

4. 宮刑

“古者富貴而名摩滅，不可勝記，唯俶儻非常之人稱焉。蓋西伯拘而演《周易》；仲尼厄而作《春秋》；屈原放逐，乃賦《離騷》；左丘失明，厥有《國語》；孫子臏腳，《兵法》修列；不韋遷蜀，世傳《呂覽》；韓非囚秦，《說難》《孤憤》。《詩》三百篇，大抵聖賢發憤之所為作也。”這段激人奮發向上的千古名言就是司馬遷慘遭宮刑後的自勉之辭。

天漢三年（前98），正當司馬遷埋頭著述《史記》的工作進入高潮，“草創未就”之時，突遭飛來橫禍。當時大將李陵率五千人馬長驅大漠與匈奴數萬驍騎一戰再戰，終因寡不敵眾，戰敗被俘。武帝聞李陵被俘震怒不已，群臣也多交口非議李陵賣主求榮以撫慰武帝不快。唯有與李陵並無深交，且在職分上與之毫無關係的司馬遷憤於人心的凶險醜惡挺身為之辯護，觸犯武帝。武帝認為司馬遷譏諷自己指揮無方，調度失策，誹謗貳師（為武帝寵妃李夫人的哥哥李廣利），於是將其處以宮刑。

對於司馬遷這位將名節看得比性命重得多的高古之士，宮刑無疑是對他的最大羞辱，"太上不辱先，其次不辱身，其次不辱理色，其次不辱辭令，其次詘體受辱，其次易服受辱，其次關木索被箠楚受辱，其次鬄毛髮嬰金鐵受辱，其次毀肌膚斷支體受辱，最下腐刑，極矣"。在《報任安書》中，司馬遷一氣排列了十種恥辱，而最恥辱的就是宮刑。"是以腸一日而九回，居則忽忽若有所亡，出則不知所如往。每念斯恥，汗未嘗不發背沾衣也。"如此的痛苦，讓司馬遷不止一次地想到了自殺，"僕雖怯懦，欲苟活，亦頗識去就之分矣，何至自沉溺累紲之辱哉！且夫臧獲婢妾，猶能引決，況若僕之不得已乎？"奴僕婢女面對羞辱尚且赴死，何況司馬遷這位堂堂的士大夫呢？但是"人固有一死，死有重於泰山，或輕於鴻毛"，如果輕易地選擇死亡，"若九牛亡一毛，與螻蟻何異？"司馬遷終於選擇了生，從此，司馬遷忍受着"刑餘之人"的極大痛苦，發奮著書，"述往事，思來者"，終於成就了《史記》這部千古巨著。

宮刑，是破壞人生殖器官的酷刑，是舊五刑中僅次於死刑的一種重刑。古人普遍存在生殖器崇拜，這種崇拜逐漸演化為祖先崇拜和子孫觀念，直到今日，這些觀念依然為國人所信奉。在古人看來，生殖器的價值僅次於頭顱。從近些年的考古發掘中發現，古人在入葬時，往往頭上戴面具，陰部有護陰蓋片，這是因為古人認為頭和生殖器是人體的兩個最重要的部位，死後還要加以保護。受過宮刑的人，生殖器被破壞，失去了性交能力和生殖能力，從而斷子絕孫，這在重視子嗣和香火延續的古代中國確實是一種異常殘酷的刑罰。

宮者，男子割勢，婦人幽閉，它是閹割男子生殖器、破壞女子生殖機能的一種肉刑。宮刑又稱蠶室、腐刑、陰刑。受宮刑之人由於怕風寒傷口感染，須在嚴密而溫暖的房間待上數月，這種房間和養蠶的房屋很相似，所以稱之為蠶室；宮刑又稱腐刑，有兩種說法，一說是指受宮刑之後，人若腐木朽株，有桿但不能結實（生育），另一種說法是指受刑之後傷口腐爛惡臭，故曰腐刑；宮刑還稱陰刑，這是因為該刑是對人的陰部施加刑罰。男子宮刑為去勢，一般理解是將陰莖連根割去，但據古籍記載，也有破壞陰囊與睾丸者。如《韻會》一書云："外腎為勢。"宮刑，男子割勢。外腎是指陰囊和睾丸，破壞了它，人的性腺即不再發育，陰莖不能勃起，從而喪失了性能力。讓這些人充當宮廷的僕役，皇家的血統問題顯然是有保障的。

古代的宮刑也適用於女性，這稱為"幽閉"。關於"幽閉"，有多種理解。一種認為"幽閉"是將女子關起來，不讓她和外人接觸，如班固《白虎通‧五刑》就認為"宮者，女子淫，執置宮中，不得出也"。但是這種理解很難讓人信服，因為它與女子的生殖機能並無關係，只是一種簡單的關禁閉。

另一種理解認為是把女子的陰戶縫起來，防止與男性發生性關係。清人褚人穫《堅瓠集》就有關於這種刑罰的記載："搗蒜納婢陰中，而以繩縫之"，或"以錐鑽其陰而鎖之，棄其鑰匙於井"等。

還有一種理解認為"幽閉"就是椓刑，就是用木棒之類的東西敲打女子下腹部，人為地造成的子宮脫垂，使之不能交接及孕育。持這種觀點的代表人物是褚人穫，在其《堅瓠集》續集卷四"婦人幽閉條"引明人王兆雲《碣石剩談》說："婦人椓竅，'椓'字出《呂刑》……男子去勢，婦女幽閉是也……椓竅之法，用木槌擊婦人胸腹，即有一物墜而掩閉其牝戶，止能溺便，而人道永廢矣，是幽閉之說也。今婦人有患陰頹病者，亦有物閉之，甚則露出於外，謂之頹葫蘆，終身與夫異榻。"魯迅也基本贊同這種觀點，在《病後雜談》一文中他就指出："向來不大有人提起那方法，但總之，是決非將她關起來，或者將它縫起來。近時好像被我查出一點大概來了，那辦法的兇惡，妥當，而又合乎解剖學，真使我不得不吃驚。"第四種理解認為"幽閉"是挖掉女子生殖器官，徐樹丕就採此說，認為這種刑罰是"牝剔去其筋，如制馬豕之類，使欲心消滅"。第五種理解認為幽閉是將女子陰部打爛，傷愈之後長成粘連板結的一塊，防止與男性交接。

宮刑早在堯舜時就已存在，《舜典》曰："五刑有宮。"到夏禹時宮刑成為一種正式刑罰，《漢書·刑法志》曰："禹承堯舜之後，自以德衰，而制肉刑"。其中就包括宮刑。宮刑開始是懲罰那些有淫亂行為的人，所謂"男女不以義交者，其刑宮"（《尚書》孔疏），顯然宮刑最初是為了維護一夫一妻這種新的婚姻形式，保證血統繼承的純粹性，這在人類的婚姻制度剛剛跨入文明門檻的當時具有一定的積極意義，但是後來宮刑的適用就與淫亂行為沒有關係了，逐漸演化為一種帝王鞏固統治，濫施懲罰、鎮壓民眾的一種殘酷手段。

宮刑在西周時期有過重大發展。首先是它在舊五刑中地位的變化。周初，宮刑排在五刑的第三位，次於死刑和臏刑。因為臏刑之人，失去膝蓋骨後，便不能直立行走，而受宮刑者坐臥行走不受影響，因此宮刑較之臏刑為輕。但周穆王將臏刑廢除，代之以刖刑，刖刑雖斷人足，但是受刑之人穿上踴甚至不穿踴都還可以行走。同時，西周中期，正值奴隸制度向封建制度過渡之時，人們的宗法觀念和家族意識的日益抬頭，絕人後代的宮刑自然比無足卻能行人道（有性機能）的刖刑要嚴厲得多，宮刑自然升格為僅次於死刑的重刑。其次是髡刑的出現。西周時期，"宮罰之屬三百"，宮刑條文非常之多。但由於"刑不上大夫"觀念的影響，髡刑也就應運而生。西周時規定："公族無宮刑。"意思是說，貴族犯了罪，不能判處宮刑，原因是為了"不翦其類也"，即不讓他的家族斷絕後代。貴族們犯了罪該處以宮刑者，用髡刑代替，對應受宮刑的貴族或公族給予優待，用剃去頭髮和鬍鬚的方式來象徵性地執行宮刑。因為男子受了宮刑以後，引起生理的變化，不再生鬍鬚，因此剃去髮鬚也就有了特別的意義。

秦朝的宮刑令人瞠目結舌。《列子·說符》載有人曾勸秦王以仁義治國，秦王處以宮刑，罪名是"若用仁義治吾國，是滅亡之道"。又據《史記·秦始皇本紀》記載：秦始皇為了修建阿房宮和驪山陵，用了 70 萬受過宮刑的罪犯。如此登峰造極廣泛使用宮刑在歷朝歷代實屬罕見。

漢文帝時廢除肉刑，其中就包括廢除宮刑。但過了不久，景帝中元四年（前 146）又恢復宮刑。《漢書·景帝紀》云："赦徒作陽陵者，死罪欲腐者許之。"宮刑最初是作為死刑的替代刑，後來也成為皇帝臨時決定使用的一種獨立刑罰。這在漢武帝時最為突出，樂官李延年、歷史學家司馬遷和張賀都是宮刑的犧牲品。漢武帝甚至對來自西域國家的使節或人質也曾使用此刑。據《漢書·西域傳·鄯善國》記載：征和元年（前 92）樓蘭國王去世，其國派人到漢朝迎接作質子的太子回國繼承王位。由於這位太子在長安因觸犯法律受過宮刑，漢武帝就沒有放他回本國。武帝劉徹的跋扈與專橫可見一斑。東漢時期，宮刑仍被保留，漢光武帝詔曰："死罪系囚，皆一切募下蠶室，女子宮。"明帝永平八年（65），章帝建初七年（82）、元和元年（84）、章和元年（87），和帝永元八年（96）也都有過類似詔書，"犯大逆，募下蠶室，其女子宮"。因此有學者認為"終漢之世，時以宮刑代死罪，皆沿景帝定制也"。漢安帝永初年間（107－113），大臣陳忠上書請除宮刑，此奏獲准，宮刑又一次被廢除。

　　三國晉時期，曾有過恢復肉刑的大辯論，陳群、鍾繇主張恢復肉刑，其中就涉及宮刑，可知這一時期宮刑是被禁止施行的。南北朝時期，南朝統治者繼承了魏晉時期的法律，無宮刑之罰，但在北朝仍有宮刑的存在。《魏書·刑法志》說："大逆不道腰斬，誅其同籍，年十四以下腐刑，女子沒縣官。"魏分裂為東魏、西魏之後，西魏文帝大統十三年（547）曾下詔："自今應宮刑者，直沒官，勿刑。"宮刑再次被廢。但在東魏，宮刑仍被保留，《隋書·樊叔略傳》記載，當時的南兗州刺史、阿陽侯樊歡因不滿高歡父子專權，圖謀復興東魏，被高氏殺害，其子樊叔略正在幼年，被處以宮刑。隋開皇年間，文帝楊堅正式下詔將宮刑廢除，《周禮·秋官·司刑》疏曰："宮刑至隋乃赦。"至此，作為一種正式的刑罰，宮刑走到了歷史的盡頭。

　　但是，歷史總有反覆，宮刑雖不再是五刑中的正式刑罰，但它卻不時成為一種法外之刑，先不說皇權不受法典的約束，就是一些朱門大戶也是和尚打傘——無法無天，往往將人私自閹割為奴。遼穆宗應曆十二年（962），蕭延之的家奴海里強姦拽剌禿里未成年的女兒，就被法外施刑，處以宮刑，交給禿里家做奴隸。據史書記載，遼穆宗更是殘暴，此人嗜酒成性，刑罰任意，斷手足、爛肩股、折腰脛，無所不用其極，宮刑的適用自然不在話下。

唐代也曾大興蓄奴之風，不少男孩閹割之後，被貴族官僚收買為家奴，詩人顧況的《囝》所說的"囝生閩方，閩吏得之，乃絕其陽"，就是當時情景的真實寫照。安祿山也曾私閹一個叫李豬兒的人為奴，而且安祿山對豬兒非常寵愛、信任，但後來被豬兒切腹而死。

將專制推向極致的朱明王朝自然也少不了宮刑的存在。明太祖朱元璋在他的《大誥》規定了許多嚴刑峻法，其中就有閹割為奴。洪武年間，監察御史張尚禮曾作《宮怨詩》一首："庭院沉沉晝漏清，閉門春草共愁生。夢中正得君王寵，卻被黃鸝叫一聲。"宮中妃嬪的心事被如此生動地描寫當然會惹來殺身之禍，朱元璋見此詩後，大怒，下令將他處以宮刑，結果張尚禮死在蠶室。據《萬曆野獲編》記載，明英宗時，靖遠伯王驥在征戰期間，曾將民間幼童閹割為奴，明英宗知道後並不干預，可見這種做法在當時是被允許的。事實上，明英宗自己也曾幹過類似事情，天順二年（1458），他就曾下令把四十四名鹽徒處以宮刑。

直到清代，宮刑仍有出現。道光十三年（1833）曾頒發律令："嗣後逆案，律應問擬凌遲之犯，其子孫訊明實係不知謀逆情事者，無論已未成丁，均請照乾隆五十四年之例，解交內務府閹割。"

古代受肉刑之人一般都要為國家服勞役，宮刑也不例外。先秦文獻中的"內小臣""寺人""宮隸""宮絞士""酒人""閽人""縫人"等稱謂都是受過宮刑之後又在宮廷充當僕役的人。這種人也叫"奄"，後來逐漸演化為宦官或太監。《詩經‧小雅‧巷伯》所說的"寺人孟子，作為此詩"就記載一位"奄"人的哀鳴和憤懣。孟子也就成為文獻上宮刑的最早受刑人，當然此孟子非亞聖孟軻，而是周幽王時的一個姓孟的小官吏，因受人誣陷，而被施宮刑。

秦漢之後，宮廷中的宦官普遍由受宮刑之人充當，這些人生前備受侮辱，死後也不能進入祖墳，生理上的殘疾導致很多閹人心理上嚴重扭曲和變態，掌握權力後可能做出一些十惡不赦、令人髮指的事情，秦朝的趙高、漢代的十常侍、明代的劉瑾、清代的李蓮英等，種種專權誤國、禍國殃民之舉在歷史上不止一次地上演。這些人從受害者轉向害人者何嘗不是宮刑的惡果。

如果說被迫閹割充當宦官之人尤有可憐之處，那為謀權勢甘願淨身的自宮之人就不只是讓人覺得可鄙了。春秋戰國時期就出現了"自宮以適君"的無恥之尤。《史記‧齊太公世家》記載，春秋齊桓公時有位名叫豎刁的人，就自宮而諂桓公，備受重用，齊相管仲病重之時，齊桓公甚至想讓豎刁繼任宰相，管仲勸桓公不可重用此人，對桓公說："自宮以適君，非人情，難親。"連自己的身體都不愛惜的人，能忠君愛國嗎？當時的另一個人選是易牙，易牙曾親自將自己的大兒子蒸熟獻給桓公，滿足其口腹之欲，管仲也勸桓公此人不可用，"夫人情莫不愛其子，今弗愛其子，安能愛君？"可惜桓公沒有接受管仲的建議，後來豎刁率易牙、開方及大臣為亂，可憐春秋五霸之一的桓公活活餓死渴死，"身死三月不收，蟲出於戶。"豎刁可謂是自宮的先驅了，此後大凡宦官得勢的朝代，自宮現象便格外普遍。《井觀瑣鹽》記載，五代南漢國宦官猖獗，凡群臣有才能者及進士狀元皆先下蠶室，然後方可進用，於是也出現了許多自宮以求進者。朝廷內外皆閹人，其數高達近 20000 人，真是名副其實的太監王國。羅履先《南漢宮詞》云"莫怪宮人誇對食，尚衣多半狀元郎"，說的就是此事。據說當時的宋太祖趙匡胤知道此事，非常憤怒，發誓要攻破南漢，救萬民於水火之中。

明代宦官勢力最盛，自宮之風也最為嚴重，大太監魏忠賢就是著例。魏忠賢本是一市井無賴，嗜賭成性，最後債台高築，走投無路，憤而自宮，最後竟成為權勢遮天的"九千歲"。當時有"已婚而自閹"者，有"熏腐其子"者，有"兄弟俱閹"者，更有人"盡閹其子孫以圖富貴"，自宮之風之烈，可想而知。據《明實錄》記載，當時太監操縱皇帝執掌朝政，恩澤惠及九族，愚民便爭相讓子孫受刑當太監，僅一個村子想充當太監的都有數百人之多，無法禁止。《日知錄》說：明末某年招募太監 3000 人，結果應者達 20000 餘人，沒辦法，只能增加名額，最後錄用了 4500人，落選的 16000 多人在禮部衙門前哭天喊地，鬧得沸沸揚揚。

自宮的人數太多也會造成嚴重的社會問題，因為宦官年老或退休後需要國家養活，無限制安置自宮者顯然會讓國家的財政無法負擔。明初時，自宮而請求錄用為太監的人數已相當多，以至於供過於求，超過了宮廷的實際需要，於是皇帝屢下詔書，禁止自宮，對違令者予以嚴懲。永樂二十二年（1424），明成祖朱棣詔令，凡自宮者，以不孝論。如果軍人違犯，連本管頭目總小旗一同治罪；如果民間違犯，罪及有司里老。宣德二年（1427），宣宗下詔：凡自淨身者，軍還原伍，民還原籍。不許投入王府及官員勢要之家隱藏，躲避差役。若再犯者，犯及隱藏之家俱處死。該管總小旗、里老、鄰人知而不舉者，一體治罪。正統十二年（1447）詔令，英宗仍重申禁自宮禁令，自宮而已入宮者，准予自首，之後可送到南海子種菜，隱瞞而不自首者以及新發現的自宮者，全家發配遼東充軍。成化九年（1473），憲宗再次下詔："私自淨身希求進用者，本身處死，全家發煙瘴地面充軍。"

此後即位的諸多明帝都曾頒佈過類似禁令，而且禁令越來越嚴厲，但自宮之風一直無法遏制。自宮者仍然一撥一撥，湧向宮廷，因為太監的地位、權勢對他們的吸引力實在太大了，為了飛黃騰達，他們寧願閹割自己，又豈會在乎流放甚至殺頭呢？更何況朝廷在發佈禁令的同時又大量錄用自宮者入宮。禁令成為一紙空文也就可想而知。後人對此評論說：自宮禁例，明代可謂嚴厲矣。而明代閹豎之禍較之唐、宋為烈，可見徒立一重法而無實意以行之，亦徒法而已。

總之，在宦官制度存在的前提下，禁止自宮是不可能實現的。只有在帝制和太監制度被徹底埋葬之後，自宮才真正絕跡。

二、肉刑的存廢

漢文帝十三年（前 167），文帝下詔廢除肉刑。這是中國刑罰史上最重大的事件之一，也是刑罰從野蠻走向文明的標誌性事件，從此，以肉刑為中心的舊五刑制度逐漸向封建新五刑制度演進。然而肉刑廢除卻充滿反覆，其間有無數坎坷與波折。

文帝除肉刑與一位少女有關，班固有詩《詠史》讚曰"百男何憒憒，不如一緹縈"，說的就是此人。據《漢書·刑法志》記載：當時，齊國的太倉令淳于意有罪應受刑，被押往長安。他有五個女兒，但卻沒有兒子，傷心之餘不禁罵道"生子不生男，緩急非有益"，沒有兒子，碰到急事真是一點辦法也沒有啊！他最小的女兒緹縈聽後非常傷心，就陪同父親到長安向皇帝上書說："我父親當官，臨淄城的人都稱讚他廉潔公平，現犯法要受刑。人死不能復活，受肉刑後，殘缺的身體也無法恢復，就是以後想改過自新也不可能了。為此，我願意到官府為奴，換得父親不受刑，使他以後有自新的機會。"

文帝讀到這篇上書，"憐悲其意"，非常感動，立即下詔："現今法令規定了黥、劓、斬左趾等肉刑，但姦邪之事仍久禁不絕，這是為什麼呢？這是因為教育不得法啊！朕非常慚愧……由於教育不得法，導致很多人犯罪，並被施加刑罰，其中有的想改惡為善，但卻沒有機會了。朕很同情他們。肉刑斷肢體，刻肌膚，終生不能再生。這種刑罰使人何等痛苦而違背道德！難道符合為民父母的本意嗎？"文帝於是下令廢除肉刑。具體的辦法是：改黥刑為髡鉗（剃光頭髮鬍鬚，脖子上戴一個鐵鉗）城旦舂，改劓刑為笞三百，改斬左趾者為笞五百。

文帝廢除肉刑之舉，無疑具有劃時代的意義，它首次將存在了兩千多年的肉刑廢除，是刑罰從野蠻走向文明的重要標誌，符合社會進步的要求。同時，改革還體現了文帝對刑罰目的的新認識：刑罰不僅僅在於懲罰犯罪，還在於改造罪犯。文帝充分認識到刑罰的教育功用，為罪犯開闢了改過自新、重新做人之路，因而文帝的改革被後世頌為"千古之仁政"。

但是，改革不可避免地存在一些不足。

首先，將斬右趾改為棄市（死刑），這其實擴大了死刑範圍，加重了刑罰，不符合除肉刑的初衷。

其次，劓刑用笞三百代替，斬左趾用笞五百代替，許多罪不當死者因笞數太多而出現"率多死"的現象。因此時人指責這次改革"外有輕刑之名，內實殺人"。對此弊端，漢景帝先後兩次下令減少笞數。一次是在景帝元年（前156），他下詔說：笞刑與死刑沒有什麼區別，笞刑之下，即使僥幸不死，也會落下終生殘疾。應更改律條：笞五百者改為笞三百，笞三百者改為笞二百。另一次是在景帝中元六年（前144），他再次下詔：受笞刑之人，有的還未受完笞打之數就被打死了，朕甚憐之，現更令，笞三百改為笞二百，笞二百改為笞一百。同時還規定：笞打犯人的竹板全長五尺，大頭寬一寸，小頭寬半寸，行刑時必須打屁股，不得胡亂下手，更不許中間換人，以免增強笞打的力量。經過景帝幾番更改，才避免犯人死於笞刑之下。

最後，肉刑廢除之後造成刑罰體系的嚴重失衡，導致不同刑種的輕重懸殊，出現"死刑既重，而生刑又輕"的現象。這是文帝廢除肉刑後最嚴重的缺陷，也是日後持恢復肉刑論者最重要的借口。

作為一項重大的改革舉措，文帝的除肉刑之舉不可避免地會遭到諸多質疑，有關肉刑存廢的爭論甚至延續到了清末，這種爭論也就成為中國刑罰史中最重要的課題之一。首先對廢除肉刑提出全面質疑的是班固，他說："且除肉刑者，本欲以全民也，今去髡鉗一等，轉而入於大辟。以死罔民，失本惠矣。故死者歲以萬數，刑重之所致也。至乎穿窬之盜，忿怒傷人，男女淫佚，吏為姦贓，若此之惡，髡鉗之罰又不足以懲也。故刑者歲十萬數，民既不畏，又曾不恥，刑輕之所生也。"班固顯然認為廢除肉刑導致死刑與生刑的距離太大，造成刑罰畸重畸輕。由於缺乏中間刑，罪犯或被處死導致刑罰畸重，而僅服勞役等輕刑則導致刑罰畸輕。刑罰畸重對罪犯不公平，刑罰畸輕又無法有效遏制犯罪。

有關肉刑存廢的爭論在漢末魏晉時期達到了頂峰，當時的朝廷重臣名將均參與討論，魏明帝太和年間的那場討論，參與者竟多達百人，就像今天的領導幹部參加的法律專題討論會。肉刑存廢爭論主要圍繞着兩個方面：

其一，刑罰的目的。

主張恢復肉刑者認為刑罰的目的主要在於懲罰與威嚇，用今天的術語來說，也就是通過肉刑剝奪罪犯的再犯能力以實現刑罰的特殊預防作用，同時對他人進行威嚇以實現刑罰一般預防的作用。其代表人物是崔寔、陳群、鍾繇、葛洪、王導、李勝等人。他們的主要依據是：漢文帝廢肉刑"內實殺人"，且死刑的功效遠遠不如肉刑。

如陳群除了重申其父陳紀之論以為廢除肉刑是"名輕而實重"外，還強調了刑罰的懲罰功能，以為"殺人償死，合於古制；至於傷人，或殘毀其體而裁翦毛髮，非其理也"。葛洪的觀點則明顯地體現了刑罰的一般預防功能，他認為，"以肉刑代其死，則亦足以懲示凶人。而刑者猶任坐役，能有所為，又不絕其生類之道，而終生殘毀，百姓見之，莫不寒心，亦足使未犯者肅栗，以彰示將來，乃過於殺人。殺人，非不重也，然辜之三日，行埋棄之，不知者眾，不見者多也"。

反對恢復肉刑之人則大力強調刑罰的教育功能，主張以仁德為宗旨對罪犯實行感化。其代表人物有王充、荀悅、王朗、孔融、曹羲、曹彥、桓彝等人。他們主要基於儒家的"仁學"思想，認為肉刑殘酷無道，對犯人的身體和精神傷害極深，不可恢復的刑罰斷人生路，讓人無法改惡從善。

如孔融指出："古者敦厖，善否不別，吏端刑清，政無過失。百姓有罪，皆自取之……紂斮朝涉之脛，天下謂為無道。夫九牧之地，千八百君若各剕一人，是下常有千八百紂也。求俗休和，弗可得已。且被刑之人，慮不念生，志在思死，類多趨惡，莫復歸正。夙沙亂齊，伊戾禍宋，趙高、英布，為世大患。不能止人遂為非也，適足絕人還為善耳。雖忠如鬻拳，信如卞和，智如孫臏，冤如巷伯，才如史遷，達如子政，一離刀鋸，沒世不齒。是太甲之思庸，穆公之霸秦，南睢之骨立，衛武之初筵，陳湯之都賴，魏尚之守邊，無所復施也。漢開改惡之路，凡為此也。故明德之君，遠度深惟，棄短就長，不苟革其政者也。"通過對肉刑歷史的闡述，孔融堅決反對恢復肉刑，認為肉刑無道，不僅不能阻止壞人為惡，反而會堵塞人從善之路，讓罪犯反覆犯罪。

其二，生刑與死刑之間的中間刑。

這是肉刑存廢之爭的焦點。文帝廢肉刑後一個重要的弊端就是刑罰體系失衡，造成刑罰畸重畸輕，因此才有後來的復肉刑之議。主張恢復肉刑的人認為，肉刑可以作為生刑與死刑之間的中刑，可以起到減少死刑適用的功能，反而符合儒家的仁德之意。

具體說來，主要是以斬右趾代替棄市。此論最著名的代表人物是鍾繇。鍾繇認為："使如孝景之令，其當棄市欲斬右趾者，許之。……能有姦者，率年二十至四五十，雖斬其足，猶任生育。今天下人少於孝文之世，下計所全，歲三千人。張蒼除肉刑，所殺歲以萬計。臣欲復肉刑，歲生三千人。"在鍾繇看來，廢除肉刑實在是徒有輕刑之名，反而將很多罪不至死之人處死，恢復肉刑可以減少死刑的適用，緩解連年征戰人口銳減的社會問題。

與鍾繇同時代的王朗則針鋒相對，認為應該把勞役刑作為生刑和死刑的中間刑，減少死刑的適用。王朗認為鍾繇的觀點雖有輕刑之實，卻難免酷烈之名，實施起來固然有"起偃為豎，化屍為人"之效，但將導致吳蜀謠言流傳，以為魏國刑罰殘酷，"前世仁者，不忍肉刑之慘酷，是以廢而不用。不用已來，歷年數百，今復行之"，恐怕"所減之文未彰於萬民之目，而肉刑之問已宣於寇讎之耳，非所以來遠人也"，影響其"國際聲譽"，妨礙吳蜀民眾棄暗投明。因此，王朗主張："夫五刑之屬，著在科律，自有減死一等之法，不死即為減。施行已久，不待遠假斧鑿於彼肉刑，然後有罪次也……今可按繇所欲輕之死罪，使減死之髡、刖。嫌其輕者，可倍其居作之歲數。內有以生易死不訾之恩，外無以刖易鈦駭耳之聲。"

王朗的看法顯然更具合理性和可行性，一方面它可以解決減少死刑適用，緩解人口不足的社會問題，另一方面也可以避免刑罰過於殘苛的指責，因此王朗的主張為統治者所接受。

事實上，王朗的主張也符合刑罰進化的規律，對舊五刑演化為新五刑產生了重大的影響。

肉刑存廢的爭論直接影響了肉刑實踐，雖然統治者並未明確表示接受恢復肉刑的主張，但在事實上，自文帝廢肉刑之後，肉刑並未絕跡，它屢見於後世。景帝之時，一度被廢的宮刑又被恢復，到武帝時，宮刑的適用就更為普遍了，直到清末才被廢止。至於墨、劓、刖之刑，也並未禁絕，五代宋明帝有黥刖之制，梁武帝也有黥面之法，即使在唐太宗貞觀初年，戴冑、魏徵也曾議復肉刑，以斷右趾作為死刑的替代刑，北宋神宗熙元年間（1068－1077），大臣韓絳再次奏請神宗"請用肉刑"，南宋的大學者朱熹也重倡復肉刑之論，有宋一朝，刺配之法更是被廣泛使用，並為後朝所沿用，直至清末。

肉刑存廢之爭延續了數百年，直到北朝"流刑"制度的出現，問題才有轉機。流刑一般分為三等，分別是流二千里、二千五百里、三千里，往往輔以勞役刑（徒刑），這種懲罰比死罪為輕，但較笞刑為重，同時還能以流放的距離遠近實現罪刑的均衡，而且還不會因為流放距離的增加造成受刑者的死亡，造成名輕實重。總之，"流刑"的出現解決了肉刑廢除之後，死刑與生刑之間過分懸殊，基本解決了刑罰體系的失衡問題，也就使得肉刑的廢除具有了現實性。從此，以肉刑為中心的舊五刑逐漸被新五刑所替代，肉刑也基本就被拋棄。

但是，歷史總有反覆，新五刑的確立雖然在制度上根除了肉刑，但是在實際層面，肉刑仍時有出現，從更廣義的程度上，笞杖之刑，何嘗不也是摧殘身體的肉刑，而它們更是長久存在於法典之中。因此，在某種意義上，北朝的流刑制度不過是將肉刑在形式上予以剔除，而肉刑的真正廢除則是在清末刑法改制中才成為現實。

清末的廢除肉刑與以往任何一次肉刑廢除運動都有本質的不同。

以往的肉刑存廢之爭，無論是贊同恢復肉刑之人，還是反對肉刑之人，他們的共同邏輯都是以目的來證明手段的正確性，這個目的或是懲罰，或是威嚇，或是教化，為達目的，可以不擇手段，只要目的正當，手段也就具有無可置疑的正當性。在這種前提下，作為手段的肉刑，其反覆是不可避免的，因為它必然隨着當權者的統治目的變化而變化。因此我們不難理解，為什麼肉刑的廢除會經歷如此多的坎坎坷坷。即使是新五刑取代舊五刑，肉刑也並未真正廢止，因為新五刑仍然是一種以身體刑和生命刑為主的刑罰體系，新五刑中各個刑種存在的正當性仍然取決於其目的的正當性。

隨着時代的發展，西方啟蒙思想強調人權，反對酷刑，反對罪刑擅斷思想的滲透，封建五刑制度開始動搖，於是迎來刑罰歷史上又一次偉大的改革，一次真正的躍進——清末刑法改制。這次改革廢除了刺配刑、宮刑等舊五刑中殘餘的肉刑，也廢除了新五刑中的笞刑、杖刑等摧殘身體的實質肉刑，同時還廢除了各種殘酷的死刑執行方式，極大地限制了死刑的適用，建立了一個以自由刑為中心，由死（絞）刑、無期徒刑、有期徒刑、罰金、拘役等五種刑名組成的新的刑罰體系，封建新五刑被以自由刑為中心的近現代刑罰體系所替代。

這是中國刑罰史上又一次劃時代的改革，刑罰體系近代化初具雛形，肉刑也就真正走向了滅亡。

與以往不同的是，清末的廢肉刑之舉並不單純考慮刑罰目的，還對刑罰本身的正當性進行了思考，人們開始認識到："手段代表着形成中的正義和正在實現中的理想，人無法通過不正當的手段去實現正當的目的，因為手段是種子，而目的是樹。"（馬丁·路德·金語）正是因為肉刑本身的殘酷性，違反了刑罰人道主義的要求，這種懲罰犯罪手段是不正義的，無論它能夠實現何種目的，也應當被拋棄。

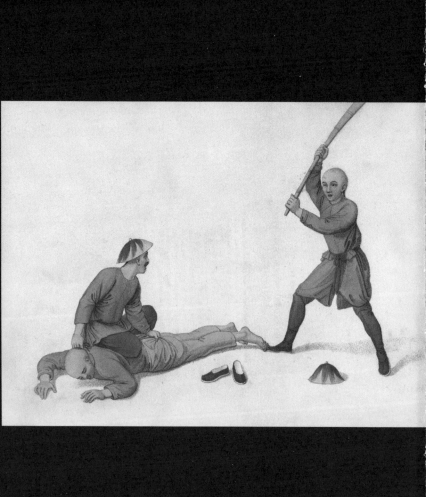

第三章

並不輕鬆的笞杖之刑

在封建五刑中，笞刑與杖刑是最輕的刑罰，也是使用最廣泛的刑罰。早在堯舜時期，就有笞杖的記載。舜小時候就曾受過父親的笞杖，《韓詩外傳》提及此事稱："舜為人子，小箠則待笞，大杖則逃。"父親打時，小棍舜則忍着，大杖就逃之夭夭。笞杖最初是一種教育用的懲戒手段，笞與杖並未嚴格區分。古語有云：鞭扑不可弛於家，刑罰不可廢於國。意思是說家庭不能沒有鞭子荊條之類教育兒孫的工具，國家不能沒有刑罰，鞭扑也就是笞杖的雛形了。《尚書·舜典》中有 "鞭作官刑，扑作教刑"一說，按照這種說法，鞭是國家的刑罰，而扑是教育用的懲戒手段，所謂 "有扑作師儒教訓之刑"。但在事實上，鞭扑並沒有嚴格的區別，它們可作為教育的工具，也可作為國家的一種刑罰。《尚書注疏》云："惟言作教刑者，官刑鞭、扑俱用，教刑惟扑而已，故屬扑於教。其實官刑亦當用扑，蓋重者鞭之，輕者撻之。"《春秋左傳注》（楊伯峻注）記載襄公十四年（前 559），衛獻公讓師曹教其寵妾彈琴，師曹嫌該寵妾過於魯笨，曾鞭打她。衛獻公知道此事後，非常生氣，於是師曹也被鞭三百。如果非要區分的話，那麼師曹鞭寵妾可算是一種教育手段，而獻公鞭師曹則是一種刑罰了。笞杖之刑在奴隸制社會曾廣泛使用，西周青銅銘文上有大量用荊條或木板擊打犯人背部和臀部的記載，《周禮·地官·司市》也記載笞杖曾用於管理市場的手段，所謂 "掌市之治教、政刑、量度、禁令。……凡市入，則胥執鞭度"。李悝的《法經》也曾規定對太子賭博可先以笞刑教育，不改再廢之："太子博戲則笞；不止，則特笞；不止，則更立。"當然，在奴隸制五刑佔主導地位的當時，笞杖顯然僅僅是一種刑罰的補充，一般適用於違反禮教等輕微的不軌行為，起警告教育作用。所謂

"大刑用甲兵，其次用斧鉞，中刑用刀鋸，其次用鑽笮，薄刑用鞭扑"，笞杖作為"薄刑"，並未在正式的五刑之列。

　　秦朝時期，笞刑已逐漸發展成一種法定常刑。當時的笞刑非常普遍，一些非常小的過錯往往也要被笞。秦法規定，服勞役之人毀壞了官有的陶器、鐵器或木器等，主管者要立即笞打，價值一錢，笞十下，值二十錢以上，則不計數痛打；用牛耕地時，耕牛腰圍每減瘦一寸，養牛人就要被笞十下；鄉里舉行耕牛考核，落後的里典要被笞三十；承擔徭役之人不及時報到，也要被笞五十。另外，秦朝時，笞杖還大量作為刑訊的手段。秦朝著名宰相李斯被誣謀反，就曾飽受此刑，據《史記‧李斯傳》記載：當時秦二世胡亥派趙高審理李斯謀反一案，查問李斯及其子李由謀反之情狀，將其賓客和家族成員全部逮捕。趙高懲治李斯，拷打其一千多下，李斯不堪忍受折磨，不得不招供。堂堂宰相，在榜掠之下，也只能屈打成招了。有趣的是，《睡虎地秦墓竹簡》中的《封診式‧治獄》規定："毋治（笞）諒（掠）而得人請（情）為上，治（笞）諒（掠）為下，有恐為敗。"意思是說審理案件，能根據記錄的口供，進行追查，不用拷打而察得犯人的真情，是最好的；施行拷打是下下之策；恐嚇犯人，簡直就是失敗。

　　文帝廢肉刑之後，劓刑改為笞三百，斬左趾刑改為笞五百。漢景帝認為加笞與重刑無異，行笞數百，率多斃命，僥幸不死，終不可以為人，於是景帝兩次減輕笞刑，最終將劓刑改為笞一百，斬左趾改為笞二百。同時頒佈著名的"箠令"，規定笞刑刑具規格、刑具材料及執行部位和方法。笞刑的工具（箠），長五尺，粗一寸。如果用竹制成，末梢粗半寸，竹節要削平。笞者笞臀，行刑時，不能更換執行人。從此，笞者的生命得以保全。

東漢時期，杖刑開始與笞刑分開，逐漸發展為一種正式的刑罰。這主要是因為笞刑已成為一種法定常刑，執法者甚至皇帝本人都不能任意使用，因此統治者需要在法律之外存在一種比較輕微的懲罰手段，用來對付那些雖不構成犯罪，但讓統治者生氣的行為，於是鞭杖就應運而生。《北堂書鈔》記載，東漢初年，丁邯被選為郎官，但他以孝廉任郎官為恥，稱病不赴任。光武帝劉秀知道後非常生氣，喝令武士用杖將其痛打了數十下。最經常鞭杖大臣的是漢明帝，據《後漢紀》記載，當時“九卿皆鞭杖”。直到漢順帝時，大臣左雄上書說：“九卿位亞三等，班在大臣，行有佩玉之節，動有庠序之儀。加以鞭杖，誠非古典。”這才廢除了鞭杖大臣之刑。

但是到三國時期，由於連年戰爭，君上需要乾綱獨斷不受限制的懲罰手段，因此鞭杖又被恢復，曹操就經常對臣僚施以杖刑，《三國志》載：“（魏）太祖性嚴，掾屬公事，往往加杖。夔常蓄毒藥，誓死無辱，是以終不見及。”鞭杖的濫用，造成許多人因為非常輕微的過錯冤死棍下，於是統治者開始對鞭杖法定化。青龍二年（234）春，魏明帝下詔曰：“鞭作官刑，所以糾慢怠也，而頃多以無辜死。其減鞭杖之制，著於令。”蜀國賢相諸葛亮也非常重視對杖刑的約束與限制，據《太平御覽》記載：“諸葛武侯杖十以上親決，宣王聞之，喜曰：吾無患矣。”從此，本是法外用刑的鞭杖進入法典，成為法定常刑，甚至一度取代了漢之笞刑。如北齊有杖刑三等，從杖十到杖三十，鞭刑有五等，從鞭四十到鞭一百；北周有杖刑五等，從杖十到杖五十，鞭刑也有五等，從六十到一百。在兩晉南北朝時期，笞刑基本已不再獨立存在，而只是作為徒刑的附加刑使用。西晉年間，法律還對杖刑的行刑部位、刑具尺寸以及減免對象有了明確的規定。根據規定：「應得法杖者以小杖過無寸者稍行之，應杖而髀有瘡者，臀也。」

杖刑與笞刑正式分離，並進入五刑是在隋朝。隋朝廢鞭刑，「以笞代杖，去鞭易杖」，首次將杖、笞並列入五刑，將杖刑由以前的最輕刑變為重於笞刑的處罰，這種改革基本為後世所延續，後世諸朝皆有笞杖之規定，大致有如下內容。

一、用刑的數量

隋後各朝代，笞刑與杖刑一般都有五等之別，笞刑從十下到五十下，每加十下則加一等。杖刑從六十至一百，也是每加十下加一等。比較特別的是遼代和元代。遼代沒有笞刑，只有杖刑，其杖刑分六等，從五十至三百，每五十下加一等。元代笞杖的數目則更為獨特。其笞刑分六等，杖刑分五等，笞杖數自七到五十七，每十下加一等，杖刑數從六十七到一百零七，十下加一等。為什麼減十為七呢？據說是元世祖忽必烈為行寬緩之政，減輕刑罰，對前朝的笞杖數目「天饒他一下，地饒他一下，我饒他一下」，自此每等減了三下。其實，元代笞由五等變為六等，笞刑除最低等外，其餘每一等都比宋代增加了七下。因此後來有大臣上奏，認為：「國朝之制，笞杖十減為七。今之杖一百者，宜止九十七，不當又加十也。」但他的意見並未被採。清代的笞、杖均折合為板，在執行時實行折減計算。《清史稿·刑法志》記載："清初，沿襲明制，笞、杖以五折十，注入本刑各條。康熙朝《現行則例》改為四折除零。雍正三年之律，乃依例各於本律注明板數。"《大清律例》規定："杖刑五：杖重於笞，用大竹板。六十除零折二十板，七十除零折二十五板，八十除零折三十板，九十除零折三十五板，一百折四十板。"

法律對笞杖數量的限制是為了防止這種貌似輕微的刑罰變成"肉實殺人"的重刑，但不受限制的皇權又豈能受法律的約束，"和尚打傘，無法無天"本是歷屆帝王的真實寫照。武則天時期，法律的數量限定就被突破，當時出現了沒有明確次數的"一頓杖""重杖一頓"等決杖形式。唐玄宗年間，這類決杖更是普遍，這種沒有數量限制的笞杖之法，讓執行之人得以輕重其手，欲活則活之，欲斃則斃之。有鑒於此，唐代宗寶應元年下詔："凡制敕'與一頓杖'者，其數止四十；'至到與一頓'及'重杖一頓''痛杖一頓'者，皆止六十。"不幸的是，到了唐德宗年間，這種數量約束很快就被廢止。

二、用刑的部位

唐代以前，笞杖部位沒有限制，脊背、臀部、腿部都可以用刑，到唐太宗時，才有鞭背之禁。據說太宗皇帝曾經看過針灸圖，見人之心、肝、脾、肺、腎五臟都在背部附近，於是太宗感歎道：針灸如果部位不正，還有可能會致人斃命，何況重棒呢！笞杖本是五刑中的輕刑，"安得犯至輕之刑而或致死"。於是下令"罪人無得鞭背"，除本人自願以背部受刑之外，均以腿部和臀部為受刑之處。這種規定基本為後世效仿，但例外也不少，五代後蜀酷吏李匡遠就喜歡杖人脊背，聽取"捶撻之聲"，還美其名曰：此一部肉鼓吹。五代後漢的劉銖則更為變態，對人用杖時，不僅杖脊，而且每次總以兩杖合打，稱為"合歡杖"。執行時還問犯人的年齡，施杖的數目一定要與其歲數相同，稱為"隨年杖"，年齡較大的犯人常被當場打死。

女性的受刑部位也有過變化，最初女性的笞杖部位沒有限制，到魏明帝時，才規定婦女受刑不得打臀，只能打背，以免行刑之時出現有礙觀瞻之事。但到後世，由於笞杖之刑大多是杖臀，對女性的笞杖又改為臀部。宋、元、明三代甚至還有"去衣受杖"的規定。女性犯姦罪需要笞杖者，必須脫褲裸體受杖。不少民眾也樂於觀看這種行刑場面。清代大學問家俞樾在《右台仙館筆記》有過這種看客的記載："……聞堂上笞一囚，而瘖瘖呼痛之聲，則女子也，諸友趨往觀之，拉余俱去。余危坐不起，咸笑曰：'有是哉，子之迂也！'"後來發現女犯並未"去衣受杖"，而是打嘴巴，看客無奈，只能悻悻而歸。對女性而言，這種刑罰不僅是肉體的殘酷摧殘，也是對其精神的極大侮辱。以致許多受刑之人，在被辱之後，就自盡身亡。

三、刑具的規格

隋後笞刑與杖刑刑具一般用荊做成，但刑具的長度寬度，各代不盡相同。唐代笞刑刑具長三尺五寸，大頭徑二分，小頭徑一分半。杖刑刑具稱"行杖"或"法杖"，也用荊製成，長度同樣是三尺五寸，但頭徑要寬，其大頭徑二分七厘，小頭徑一分七厘。

北宋初年，太祖趙匡胤下詔規定，官杖長三尺五寸，大頭徑寬不得超過二寸，厚度和小頭徑寬度不得超過九分。宋仁宗天聖六年（1028），大臣晶冠卿上奏認為：杖的長短寬窄有尺度，但輕重不太統一，導致有些官吏制重杖，加大處罰。仁宗皇帝認為有道理，於是下令官杖的重量不得超過十五兩。

與北宋相比，遼代的杖刑刑具則非常野蠻，當時杖刑刑具不僅有杖，還有木劍、大棒、鐵骨朵等，皆歷代所無者。遼太宗耶律德光時期，就曾廣泛使用大棒和木劍擊打犯人，數目自十五至三十不等，受刑者罕有不殘廢的。遼穆宗耶律璟更為殘暴，當時杖刑的刑具用沙袋制成，沙袋用牛皮縫制，長六寸，寬二寸，內有一尺多長的木柄，當時規定，凡是杖五十以上者，皆用沙袋行刑。執行時向犯人周身猛打，犯人皮膚沒有傷痕但內臟大多破裂出血，受刑之人鮮有不死者。後來又發明了鐵骨朵，這是一種複合刑具，似錘非錘，似杖非杖，長柄的前端安裝上石質或金屬（一般是鐵）的頭，骨朵的頭有圓形、長形、蒜頭形等多種。鐵骨朵的殺傷力顯然比杖要厲害得多，當時規定行刑的次數為五下或七下，但即使只有這麼幾下，也會輕則致殘，重則致命。據說，遼道宗之妻懿德皇后就曾受過此刑。懿德皇后姓蕭，又稱蕭觀音，她能歌詩，善琵琶，非常得道宗寵幸，很遭人妒忌。當時的權臣耶律乙辛就想加害蕭皇后和太子，乙辛命人寫了一首《十香詞》的淫詩，讓心腹呈送蕭皇后，偽稱是宋朝皇后所作，請蕭皇后"更得御書，便稱二絕"。蕭觀音不知是計，為其手書後，又書寫自己所作七言絕句《懷古》一首，詩曰："宮中只數趙家妝，敗雨殘雲誤漢王。惟有知情一片月，曾窺飛燕入昭陽。"耶律乙辛於是借題發揮，命人指控皇后書寫淫詩，還與伶官趙惟一與私通，稱《懷古》詩中藏有"趙""惟""一"三字，證據確鑿，罪不可赦。道宗輕信讒言，當時就以"鐵骨朵"猛擊蕭皇后，幾至殞命，並族誅趙惟一，後又敕皇后自盡，道宗仍怒猶未解，命裸后屍，以葦席裹之還其家。可憐蕭皇后自盡之前，想見道宗最後一面，也未獲准。蕭皇后臨死前所寫《絕命詞》一首，讓人讀後泣淚不止："嗟薄佑兮多幸，羌作麗兮皇家，承昊穹兮下覆，近日月兮光華。托後鈞兮凝位，忽前星兮啟耀，雖纍累兮黃床，庶無罪兮宗廟。欲貫魚兮上進，乘陽德兮天飛；豈禍生兮無朕，蒙穢惡兮宮闈。將剖心兮自陳，冀回照兮白日，寧庶女兮多漸，遏飛霜兮下擊。顧子女兮哀頓，對左右兮摧傷。共西曜兮將墜，忽吾去兮椒房。呼天地兮慘悴，恨今古兮安極！知吾生兮必死，又焉愛兮旦夕！"

明代笞杖刑具和唐朝類似，都長三尺五寸。笞刑刑具，大頭徑二分七厘，小頭徑一分七厘；杖刑刑具，大頭徑三分二厘，小頭徑二分二厘。同時，明代還規定，笞杖刑具不准用獸筋或皮膠等物在杖上裝釘子，加大犯人的痛苦。但後來，明朝又出現了"金瓜"之刑，在朝廷由御前校尉執掌，常用來責罰朝臣。清代的笞杖刑具比較特殊，開始是沿襲明代規定，後來笞杖都改為打板子，用竹板作刑具。竹板子長五尺五寸，大竹板大頭徑二寸，小頭徑一寸五分，重不得超過二斤。

四、贖免規定

笞杖本是輕刑，統治者為了標榜自己儒學治國，慎刑仁德，在嚴厲打擊嚴重犯罪的同時，對於判處笞杖等的輕微犯罪，有時也會從輕發落，允許以經濟手段贖減，讓罪犯改過自新。元人董鼎談及此事時曾說："舜既以五流而宥五刑矣，鞭扑之輕者乃許以金贖，所以養其愧恥之心而開以自新之路。"《唐律》就曾按照笞刑的等級配以相應的贖金，從笞十下到笞五十分別贖銅一斤到五斤，杖刑從杖六十到杖一百分別贖銅六斤到十斤。宋代刑法也規定：笞刑十下，贖銅一斤，免打三下；二十下，贖銅二斤，免打十三下；三十下，贖銅三斤，免打二十二下；四十下，贖銅四斤，免打三十二下；五十下，贖銅五斤，免打四十下。杖刑也是如此，應打五十至一百的，分別贖銅五至十斤，免打三十七至八十下。明朝朱元璋時期，《明會典》也有類似規定：各處知府、知州、知縣，有犯公罪而笞四十以下者，許令贖銅，每笞一十贖銅半斤，每杖一十贖銅十斤。成化年間，贖銅改用贖馬，隨後又改用錢贖，如"宣德二年（1427），定笞杖罪囚，每十贖鈔二十貫"。景泰以後，贖錢的數目越來越大。景泰元年（1450），"令問擬笞杖罪囚，有力者納鈔：笞十，二百貫，每十以二百貫遞加，至笞五十為千貫。杖六十，千八百貫，每十以三百貫遞加，至杖百為三千貫"。也許是考慮贖刑的範圍太大，明世宗年間，政策又有所變化，只規定笞刑可以贖免，而杖刑不能。

五、作為他刑的附加刑和替代刑

笞杖還曾廣泛作為其他刑的附加刑。如隋律規定：近流加杖一百，一等加三十。按流刑有三等來計算，附加的杖刑最高可達一百六十杖。唐律也有大量徒刑和流刑附加杖刑的規定，如《唐律疏議》規定：「部曲、奴婢毆主之期親，謂異財者；及毆主之外祖父母者：絞……過失殺者，減毆罪二等，合徒三年，加杖二百；過失傷者，又減一等，合徒二年半，加杖一百八十。」宋代將杖刑作為附加刑就更是普遍了，宋太祖開寶二年（969）詔令：「嶺南民犯竊盜，贓滿五貫至十貫者，決杖、黥面、配役，十貫以上乃死。」後來的刺配制度甚至規定只要是判處流刑之人，一定要附加脊杖一頓。刺配之人要並用脊杖、刺面、流刑三種刑罰（有時還有徒刑），「是一人之身一事之犯而兼受三刑」，個中殘酷，可想而知。元朝的杖刑也可作為徒流刑的附加刑。當時的法律規定：徒一年，附加杖六十七；一年半，杖七十七；二年，杖八十七；二年半，杖九十七；三年，杖一百零七。以徒半年為一等加杖十下。明、清兩朝也有類似規定。

笞杖刑還可以作為徒刑、流刑的替代刑，如《唐律疏議》說：「諸犯徒應役而家無兼丁者」，「徒一年，加杖一百二十，不居作；一等加二十。流至配所應役者亦如之」。「諸工、樂、雜戶及太常音聲人……犯流者，二千里決杖一百，一等加三十，留住，俱役三年」，「犯徒者，准無兼丁例加杖，還依本色」。

宋朝的「折杖法」更是將笞杖的替代作用發揮到了極致。據《宋史·刑法志一》載：「太祖受禪，始定折杖之制。凡流刑四：加役流，脊杖二十，配役三年。流三千里，脊杖二十；二千五百里，脊杖十八；二千里，脊杖十七；並配役一年。凡徒刑五：
徒三年，脊杖二十；徒二年半，脊杖十八；二年，脊杖十七；
一年半，脊杖十五；一年，脊杖十三。凡杖刑五：杖一百，臀杖
二十；九十，臀杖十八；八十，臀杖十七；七十，臀杖十五；
六十，臀杖十三。凡笞刑五：笞五十，臀杖十下；四十、三十，
臀杖八下；二十、十，臀杖七下……徒、流、笞通用常行杖，徒
罪決而不役。"折杖法自宋初創立以來，直到南宋都被沿用。廢
除普遍按照折杖法的規定，笞、杖、徒刑都被折為臀杖或脊杖，
執行後就可釋放，流刑和加役流被處脊杖後，其附加的勞役刑就
在本地執行，而不必遠流。表面看來，折杖法是為了降低刑罰的
嚴酷性，但是其實質效果卻是加重了犯人的痛苦。由於折杖法造
成刑法典中所規定五刑只剩下了杖刑與死刑，破壞了五刑體系，
導致"刑輕不能止惡，故犯法日益眾，其終必至於殺戮，是欲輕
反重"的後果，為了平衡刑法體系，在生刑與死刑之間尋找出一
個合適的中間刑，刺配法也就應運而生。而刺配之人，不僅要受
杖刑，還要被刺面流放，甚至還要附加勞役，其殘酷性當然較之
單純的徒流之刑要嚴厲得多。

六、刑訊手段

笞杖本是刑罰方法，但在封建社會，這種刑罰還廣泛作為刑
訊的手段。前述秦朝李斯之事就是著例。"據溫舒所言，考囚之
酷，秦為最甚，夏侯嬰以受傷人，而笞掠至數百之多，其他之恣
意笞掠更可知矣。"隋朝之後，以笞杖作為考掠刑訊之工具一直

都被保留，其殘酷性較之秦朝有過之而無不及。上文已述，唐笞刑分五等，從十到五十，但訊問拷囚卻不受此限，當時的法律規定"諸拷囚不得過三度，數總不得過二百"，遠超笞刑的最上限，拷囚所用的刑具稱"訊囚杖"，長度和一般的笞杖相同，為三尺五寸，但其大頭徑三分二厘，小頭徑二分二厘，比一般的笞杖要大要寬得多。至於司法官員的法外用刑，更是不可勝數，以至唐人牛希濟在《刑論》中指出："捶拷之下，易以強抑……且桎梏之苦，笞捶之嚴，輕罪者願重刑而獲出，無辜者畏殘害而求死。"宋朝的規定與唐朝如出一轍，按宋刑律，考掠總數不得超過兩百，每次不過三十，但是司法官員並不受此限制，"州縣不用荊子而用藤條，或用雙荊合而為一，或鞭股鞭足至三五百"。元、明、清諸朝，審訊制度均繼承唐宋，大量使用笞掠考囚，直到 20 世紀初的晚清修律，才在制度上將其廢除。總之，作為刑訊手段的笞杖，其殘忍性遠遠超過了五刑之中的笞刑和杖刑。

如果說笞掠考囚體現了古代刑罰的不受約束，那麼廷杖就更是如此了。所謂廷杖就是由皇帝決定，在殿庭之上對違反旨意的大臣施用的杖刑。此制最初起源於東漢明帝的鞭杖九卿，隋唐時期被"發揚光大"，隋文帝、唐玄宗就非常偏愛"廷杖"。史載隋文帝楊堅"性猜忌"，"每於殿廷打人，一日之中，或至數四"，如果刑吏不用力打，就要處斬，後來有兩位大臣勸諫說："朝堂非殺人之所，殿庭非決罰之地。"但楊堅卻拒絕接受，兩人只能以辭官相迫。結果反而楊堅感到疑惑，問道："吾杖重乎？"大臣田元給他形容說："陛下杖大如指，捶楚人三十者，比常杖數百，故多致死。"楊堅沒法，只有除去廷杖。可是沒過多久，楚州行參軍李君才上書觸怒楊堅，"上大怒，命杖之，而殿內無杖，遂以馬鞭笞殺之。自是殿內復置杖"。楊堅倒是一點也不避諱，他曾下詔解釋為什麼要用廷杖，理由是有些官員不聽話，如果按照律法處理，其罪輕，然而以情理而論其罪重，不立即決罰，無以懲肅。那麼什麼是"情理"呢？估計純粹只能取決於皇帝個人的喜怒哀樂了。上梁不正下梁歪，地方官吏紛紛效法君上，史載當時"上下相驅，迭行捶楚，以殘暴為幹能，以守法為懦弱"。和楊堅一樣，唐玄宗李隆基也喜歡在朝廷之上，隨心所欲，大發淫威。當時監察御史蔣挺觸怒玄宗，玄宗以監決杖刑稍輕，敕朝堂杖之。黃門侍郎廷珪奏曰："御史憲司，清望耳目之官，有犯當殺即殺，當流即流，不可決杖。士可殺，不可辱也。"但是，制命已行，蔣挺還是當廷被辱。

將廷杖推向極致的是明朝。明代自朱元璋開始，就將廷杖制度化，成為常刑，幾乎每一代皇帝都曾對大臣施以廷杖。皇帝只要覺得有大臣冒犯自己，不需任何罪名，就可廷杖，許多大臣都被當場杖斃。廷杖的時候，眾官員要到午門西墀左邊觀刑，意在"打一儆百"，廷杖由錦衣衛行刑，東廠太監到場監刑。因此太監的權力很大，簡直可以說是生殺予奪，行刑者們通常是根據監杖太監的暗示決定下手的輕重。當監杖太監喊"着實打"，卻將兩只靴尖擺成外八字形時，便是要行刑人手下留情，別把人打死，犯官雖被打得皮破血流，但骨肉不傷；如果喊"用心打"，並將兩只靴尖向裏一斂，就是暗示往死裏打，犯人但見皮膚紅腫，而內裏卻受傷甚重，被罰者也就很難有生還希望了。為了更好地執行監杖太監的命令，行刑人也需要練習，當時負責施行廷杖的校卒在訓練時，一般要用皮革做成兩個人體模型，一個裏面放磚頭，一個裏面包上紙，然後給它們穿上衣服。放磚頭的模型是用來練習"外輕內重"手法的，要求做到看起來打得很輕，衣服都沒有破損，但其實裏面的磚頭都被打碎。包紙的模型是用來練習"外重內輕"手法的，要求做到看起來打得很重，但其實包裹裏的紙都不曾毀損。據朱國楨《湧幢小品》卷十二記載：明初（成化以前），凡廷杖者是穿着衣服受刑，到正德初年宦官劉瑾專權時，廷杖的執行方法變了，受杖的大臣必須當眾褪去褲子。這樣，廷杖就不單純是肉刑的懲罰了，還是對人精神的巨大摧殘。廷杖足以將大臣的清高傲骨徹底打垮，讓他們徹底臣服於帝王的淫威之下。

明代施用廷杖最多的是正德、嘉靖兩朝，明朝歷史上兩次最著名的廷杖事件就分別發生於這兩朝。據《明史》記載，正德十四年（1519），明武宗打算化名南巡，許多大臣苦苦勸諫，武宗大怒，命令把進諫的 146 位大臣都拉到午門外罰跪 5 天。5 天後，又分別將這些朝臣處以杖刑，帶頭的打 80 或 50 棍，其餘一律杖責 30，其中有 11 人當即死於杖下。明正德十六年（1521）又發生了"大禮議"風潮，明武宗三十而亡，並無子嗣，其堂弟朱厚熜遂由旁系坐上皇位，是為嘉靖皇帝，嘉靖既由藩王身份繼承皇位的，按照儒教禮儀算是過繼到武宗之父孝宗弘治皇帝這一房，應該尊崇弘治為皇考，對自己的生父只能稱"皇伯考"，但這位當時只有 14 歲的小皇帝硬是要尊崇自己的生父興獻王為"皇考"，並追封為"皇帝"，同時將母親的尊號"本生聖母章聖皇太后"中的"本生"二字去掉，加封為"皇太后"，於是就出現了"大禮議"事件。嘉靖此舉引起軒然大波，眾官不斷上書阻止，至嘉靖三年（1524）甚至有 230 位大臣在左順門集體跪拜哭諫，其中還包括兩位相當於內閣總理的大學士，嘉靖非常生氣，五品以下大臣 134 人都遭到廷杖，致死者達 17 人。

　　廷杖對士大夫人格與肉體的摧殘，使得明朝士大夫斯文掃地，整體素質越來越差，廷杖徹底打斷了士大夫的脊梁，堵住了他們的嘴巴，在皇帝面前，他們只能像喜鵲一樣唱唱讚歌，像小狗一樣服服帖帖，明朝的滅亡也就是命中注定的了。

　　隨着時代的發展，笞杖終於走到了盡頭。1910 年清政府頒行《大清現行刑律》，正式廢除了笞杖，但好景不長，袁世凱統治時期（1914）頒佈《易笞條例》，笞刑又被恢復。好在，袁世凱政權迅速倒台，《易笞條例》很快就被廢止，笞刑終於被徹底拋棄，刑罰向人道主義又邁進了一大步。

第四章

刑徒之苦

在中國古代有一種強迫罪犯服勞役的刑罰，一般被統稱為徒刑。《史記‧秦始皇本紀》記載：公元前 219 年，始皇到了湘山祠（今湖南岳陽縣），"逢大風，幾不得渡。上問博士曰：'湘君何神？'博士對曰：'聞之，堯女，舜之妻，而葬此。'於是始皇大怒，使刑徒三千人皆伐湘山樹，赭其山。"這裏的刑徒就是被判處徒刑的犯人了。

一、徒刑概說

徒：使也，意思是供役使；眾也，故有徒眾之說。刑徒也就是被判處勞役刑之眾人了。商周時期，就有徒刑的存在，當時被判處肉刑的人很多都被附加徒刑，如"墨者使守門""劓者使守關""刖足使守門"等，這些受刑之人一般都要為國家服勞役，並由司徒加以管理，所以又有"司徒主眾徒"之說。當時，刑徒之人一般又被稱為"胥靡"。《史記‧殷本紀》記載：商武丁帝即位以後，一直希望重振殷朝，但一直苦於無賢人輔佐，一晚，武丁夢見一位聖人，名字叫"說"。武丁醒後，按照夢中所見到的"說"的相貌來看看群臣中有無此人，"皆非也"。於是武丁派人到民間尋找，"使百公營求之野"，終於在一個叫作"傅險"的地方找到了"說"，當時，"說為胥靡，築於傅險"。官員帶着"說"去見武丁，武丁大喜，"得而與之語，果聖人。舉以為相，殷國大治"。後來"說"就以"傅險"這個地名作為自己的姓，號曰傅說，傅說也就是傅姓的始祖了。《書傳‧說命》提及此事，曰："傅氏之岩在虞、虢之界，通道所經，有澗水壞道，常使胥靡刑人築護此道。""胥靡"就是被判處勞役刑的刑徒，《荀子·王霸》也注曰：人徒謂胥徒，給徭役者也。

秦朝是使用徒刑最多的朝代之一，《史記·秦始皇本紀》說秦曾使用"隱宮徒刑者七十餘萬人，乃分作阿房宮，或作驪山"，"謫治獄吏不直者，築長城及南越地"，以至於"劓鼻盈虆，斷足盈車，舉河以西，不足以受天下之徒"。這麼廣泛地使用徒刑也是秦朝迅速滅亡的一個重要原因。當時，劉邦為亭長，就曾為縣裏遣送刑徒赴驪山服役，但途中逃跑的人太多，劉邦估計到了驪山，人也差不多全逃光，於是就在豐西的大澤中叫隊伍停下來飲酒休息，到了夜裏劉邦對剩下的刑徒說"公等皆去，吾亦從此逝矣"，一不做，二不休，劉邦乾脆把他們全放了，自己也逃之夭夭，據說當時"徒中壯士願從者十餘人"，這也算是劉邦搞革命最初的政治資本。正是這種殘酷寡恩，只罰不赦的嚴刑政策給秦末農民起義提供了源源不斷的人力資源。

需要說明的是，徒刑只是勞役刑的總稱，根據罪行輕重不同，勞役刑也有很多種，秦朝的徒刑大致有城旦、舂、鬼薪、白粲、隸臣、隸妾、司寇、候等，這些種類也基本為漢朝所繼承，只是漢朝充分吸取秦朝滅亡的教訓，在判人徒刑之時，也頻發赦免之令，給人以改過自新的希望，所以刑徒之人遠遠少於秦朝。

以下，是對這些不同種類的徒刑分別介紹。

1. 城旦、舂。男犯為城旦，從事築城的勞役；女犯為舂，從事舂米的勞役。這是秦朝時最重的勞役刑。《漢舊儀》記載："秦制，凡有罪，男髡鉗為城旦，城旦者，治城也。女為舂，舂者治米也。"據《史記·秦始皇本紀》載，丞相李斯就曾建議用此刑作為不遵令焚書的懲罰，"臣請史官非秦記皆燒之。令下三十日不燒，黥為城旦"。漢時，此刑亦被廣泛適用，《漢書·王子侯》記載，當時有一個人採用敲詐勒索的辦法將他人的雞拿走，後被判以原價償還雞款，可是該人卻作謾罵之狀，不服判決，於是被處城旦以重懲之。按照規定，城旦者，一早就要起來築城，但實踐中，城旦者並不僅僅限於築城之役，秦國的《倉律》有"城旦之垣及它事而勞與垣等者"，意思是城旦者可以從事與築城同等強度的勞役，另外還可以"守署及為它事"，"城旦為安事"，"城旦與工從事"等，從事一些勞動強度低於築城的勞役。城旦服勞役時不能有行動自由，他們都是在被看押的情況下進行勞動，按照秦律規定，城旦勞動時要身着紅色囚服、戴紅色氈巾，與旁人區別，還要戴着木械、黑索和脛鉗，防止他們逃脫。

舂刑由女犯承擔，這種勞役以往由奴隸從事，並非刑罰，《秋官·司厲》說："其奴，男子入於罪隸，女子入於舂、槁。"後來，這種勞役才變成一種刑罰，"以其所任之事為罪名矣"。這種刑罰是根據女犯的生理特點，認為她們不可能像男性那樣從事重體力勞役，因此對她們有所寬宥，"舂者，婦人不豫外徭，但舂作米"。曾被呂后迫害的戚夫人就曾被關在永巷舂米，當時戚夫人悲痛欲絕，舂米時作歌曰："子為王，母為虜，終日舂薄暮，常與死為伍！相離三千里，當誰使告女？"正是此歌給戚夫人母子帶來殺身之禍，呂后聞此歌後，派人將戚夫人之子趙王如意毒死，並下令斬斷戚夫人的手腳，挖眼熏耳，喂以啞藥，丟入廁所，稱為"人彘"，呂后甚至還帶自己兒子漢惠帝前來觀看，不料惠帝看後，驚恐萬分，指斥呂后殘害戚夫人至此，實非人類所能為，並痛哭不已。從此，惠帝一蹶不起，一度精神失常，整日花天酒地，不理朝政，很快便龍馭歸天，年僅 22 歲，呂后也算是搬石頭砸自己的腳。

2. 鬼薪、白粲。這種刑罰輕於城旦、舂，在秦朝也有男女之別，男犯為鬼薪，女犯為白粲。《漢舊儀》記載，"鬼薪者，男當為祠祀鬼神伐山之薪蒸也"，就是讓男性犯人去山中砍柴以供宗廟祭祀之用。秦始皇時期，長信侯嫪毐謀反，兵敗，其族被夷，門下舍人重者被殺，輕者則判鬼薪之刑。漢武帝元鼎二年（前115），曾推廣一種叫作"赤側錢"的貨幣，規定一赤側錢當五個普通五銖錢，向官府繳納賦稅以及其他對官方使用的場合，必須使用赤側錢，但是老百姓並不願意使用此錢，當時的汝南太守皋柔，對於民間的抵觸情緒放任不管，對百姓不用赤側錢納賦未予糾正，結果被判鬼薪。後人評及此事，說"民不用赤側而罪及太守，張湯之法，其苛虐類此"。

"白粲"是強制女犯擇米，"以為祠祀擇米也"，"粲為稻米之至精者，擇之使正白，故以白粲為名"，其刑期與鬼薪同。白粲與舂並非同一種刑罰，白粲刑期較之舂為短。另外，白粲不是單純的舂米，它必須選擇最精良的白米以供祭祀，"以米之精粗為差別，其工力亦有高下也"。

與"白粲"相似的是"顧山"，這是西漢後期出現的一種刑名，專用來指女徒。一般認為顧山是指被判鬼薪的女犯，可以不去服勞役，每月出錢三百，僱人代為服役。如應劭所釋："舊刑鬼薪，取薪於山以給宗廟，今使女徒出錢顧薪，故曰顧山也。"《漢書·平帝紀》載："元始元年，天下女徒已論，歸家，顧山錢月三百。"如淳對此解釋道："已論者，罪已定也。令甲，女子犯罪，作如徒六月，顧山遣歸。說以為當於山伐木，聽使入錢顧功直，故謂之顧山。"從如淳對顧山的解釋，可以看到，顧山是一種對女性刑徒的特殊照顧。當然，"顧山"只針對論罪以後認真服刑的女徒，如果再犯新罪則不可享受此等優待。從這也可以看出近代緩刑制度的某些影子。

3. 隸臣妾。"男子為隸臣，女子為隸妾"，這是將男女罪犯罰作官府奴婢，為國家服各種勞役。隸臣妾所承擔的勞役一般要輕於城旦舂，有時他們還可以監視城旦舂服勞役："城旦司寇不足以將，令隸臣妾將。"在秦朝時，隸臣妾是終生勞役，因犯罪而沒入為奴的隸臣妾，在服完了一定期限的勞役之後，不再是刑徒，但又變為國家的奴隸，而非自由人，因此它具有終生奴隸的性質。與城旦、鬼薪不同的是，隸臣妾可以贖免，但是秦律的贖免規定非常苛刻，一般人可望而不可即。秦朝《倉律》規定："隸臣欲以人丁粼者二人贖，許之。其老當免老、小高五尺以下及隸妾欲以丁粼者一人贖，許之。"贖隸臣妾必須用兩名丁壯年男子替代，如果當隸臣妾年老體衰，或者高不足五尺，利用價值本就不大，那麼用一名丁壯年男子替代也是可以的，這種贖免制度其實是變相地敲詐更多的勞動力。另秦朝《軍爵律》規定："欲歸爵二級以免親父母為隸臣妾者一人，及隸臣斬首為公士，謁歸公士而免故妻隸妾一人者，許之，免以為庶人。"隸臣斬敵首獲得爵位，可以爵贖免，其子有爵也可以二級爵位贖免父或母的隸臣妾身份。漢朝時，隸臣妾就不再是終生勞役，隸臣妾者在刑徒期滿後，就可成為自由人。

4. 司寇、作如司寇。《漢舊儀》規定："罪為司寇，司寇男備守，女為作如司寇。"司寇即伺察寇賊，從事這種工作的犯人一般要去邊疆服勞役，邊防外寇。女犯由於其生理特點，不適合到邊疆服役，所以允許其在內地從事相當於司寇的勞役，因此稱為

"作如司寇"。司寇的主要勞役是"伺察寇賊",但也可以從事其他勞役,有時甚至還可以用來監督城旦舂勞動。由於此刑相對較輕,因此在漢代對王侯往往適用此刑。如《漢書·王子侯表》載:孝景四年,楊丘侯偃"坐出國界,耐為司寇";元狩五年,沈猷侯受"坐為宗正聽請,不具宗室,耐為司寇";《漢書·高惠高後文功臣表》:孝景後三年,吳房侯去疾"有罪,耐為司寇";元朔元年,衍簡侯翟盱"不疑坐挾詔書論,耐為司寇"。

5. 候。這種刑罰是輕於隸臣妾的勞役刑,其內容是強制犯人到邊地充當斥候,伺察敵情。《秦律雜抄》規定:"為(偽)聽命書,法(廢)弗行,耐為侯(候);不闢(避)席立⋯⋯皆耐為侯(候)。"命書即"制書",是皇帝的詔令,應該受到尊敬和絕對服從。"偽聽命書,廢弗行"意指對朝廷的命書陽奉陰違,不能切實貫徹執行;"不避席立"即聽命令時不下席站立以示尊敬。這些行為都屬於"不敬"的行為,其刑罰就是"候",要發往邊境服役。"候"這種勞役刑在漢以後就未再出現。

6. 罰作、復作。這是一種輕微的勞役刑,它主要指在官府服勞役的女徒。罰作、復作作為一種刑名也是始於秦代。《漢舊儀》載:"秦制:男為戍罰作,女為復作,皆一歲到三月。"漢承秦制,只不過將秦之"戍罰作"改為"罰作"也。被刑的男性要在邊境守衛一年,但"女子軟弱不任守,復令作於官,亦一歲,故謂之復作徒也"。

秦漢時期,勞役刑的發展有兩個明顯特點,這兩個特點也體現了刑罰發展的基本趨勢——從野蠻到文明。

其一,肉刑與勞役刑的關係發生重大變化。商周時期,刑罰體系以肉刑為主，勞役為輔，但隨着生產力的發展，人們越來越意識到勞動力對國家的重要性，尤其是戰國時期，為了軍事和經濟目的，國家需要大量的勞動力，因此勞役刑的使用也就越來越廣泛，肉刑與勞役刑的關係也不斷發生着變化，並最終顛倒過來，勞役刑成為一種主刑，而肉刑反而只是一種附帶刑了，當然這一過程經歷了很長一段時間，大致是在北周之後，徒刑正式進入五刑才得以真正完成。

在這一變化環節中，秦朝起了一個承上啟下的作用。在秦朝之前，肉刑是絕對的主刑，被施肉刑的庶民只是偶爾被判看守一類的勞役刑。秦律則不然，勞役刑開始大量使用，甚至開始與肉刑並列。黥、劓甚至斬左趾（即刖）的刑人都要被判從事"城旦"之類的繁重勞役。在秦律中，大量可見黥為城旦、黥劓以為城旦、黥為隸妾等規定，如《睡虎地秦墓竹簡·法律答問》記載："完城旦，以黥城旦誣人，可（何）論？當黥……當黥城旦而以完城旦誣人，可（何）論？當黥劓"，"五人盜，臧（贓）一錢以上，斬左止，有（又）黥以為城旦；不盈五人，盜過六百六十錢，黥劓以為城旦"。張家山漢簡《奏讞書》之四還記錄了一個斬左趾為城旦案例：解曾因罪被處以黥劓之刑，恢復庶人身份後成為隱官工，後來娶逃亡女子符為妻而觸犯了法律——"取（娶）亡人為妻，黥為城旦"。因為解在此前已受黥劓之刑，不可能再次被處黥刑，結果被"斬左止為城旦"。總之，在秦朝，傳統的以肉刑為主的五刑體系已被打破，肉刑與徒刑很難區分主次。乍看來，秦律將肉刑和勞役刑複合使用，比單純的肉刑更為殘忍和嚴苛，但是從刑罰發展的歷史來看，這卻為此後刑罰體制的變革留下了巨大的發展空間，正是因為秦朝勞役刑的廣泛使用，才使得在文帝廢肉刑後，勞役刑開始從附加刑種演變為一種正刑，並最終將肉刑取而代之。

其二，勞役刑從無期走向有期。在漢文帝之前，城旦舂、鬼薪白粲、隸臣妾、司寇、候都是終生服役的刑徒，與其說他們是刑徒，不如說是國家的奴隸，而漢文帝卻在廢肉刑的同時，宣佈刑徒"有年而免"，從此，刑罰向文明邁了一大步。《漢書·刑法志》記載：文帝十三年，丞相張蒼、御史大夫馮敬按照文帝的指示，對刑制作出重大改革："……罪人獄已決，完為城旦舂，滿三歲為鬼薪白粲；鬼薪白粲一歲，為隸臣妾；隸臣妾一歲，免為庶人。隸臣妾滿二歲，為司寇；司寇一歲，及作如司寇二歲，皆免為庶人。其亡逃及有罪耐以上，不用此令。前令之刑城旦舂歲而非禁錮者，如完為城旦舂歲數以免。"被判完城旦舂的刑徒，服本刑三年後，轉服鬼薪白粲刑一年，再服隸臣妾刑一年，然後釋放，合計刑期為五年；鬼薪白粲，服本刑三年後，轉服隸臣妾刑一年，然後釋放，合計刑期為四年；隸臣妾，服本刑二年後，轉服司寇刑（男女同名）一年，然後釋放，合計刑期為三年；作如司寇（男女同名，實際使用時簡稱司寇），服本刑二年後，釋放。從此，"隸臣妾""城旦"等刑徒已然從秦時的實際奴隸身份真正變為服刑有期的刑徒了。

二、徒刑的新發展

三國曹魏時期，徒刑又有新的發展，這主要是在勞役刑種類、年限的基礎上，把"髡鉗"作為勞役刑輕重的一種區分標準。按照是否有"髡鉗"，勞役刑被分為髡刑、完刑和作刑。

髡鉗之刑本是一種恥辱刑，古人認為："身體髮膚，受之父母，不敢毀傷，孝之始也。"在那時，頭髮毛鬚不是想剪就剪的，損害身體及鬚髮胡鬚都屬不孝行為。在秦代，與人打架，如果把對方的胡鬚眉毛拔光，甚至要判城旦刑，而國家強制剃除鬚髮鬍鬚顯然是一種對罪犯的羞辱性處罰。髡刑就是這樣一種恥辱刑，在某種意義上，它和墨、劓、刖、宮等一樣，都屬於損害人身體完整性的肉刑，所以《周禮・秋官司寇》將其與其他虧人身體的肉刑並列："墨者使守門，劓者使守關，宮者使守內，刖者使守囿，髡者使守積。"據《曹瞞別傳》記載：曹操在行軍中曾頒佈命令，士兵不能毀壞百姓莊稼，"犯麥者死"，於是士兵都很小心，路過麥田時都下馬牽着馬走。一次曹操騎的馬受到驚嚇跑到麥田，按照自己下達的命令，曹操應被處死。結果主簿以《春秋》經義為曹操開脫，說是"罰不加於尊"。但曹操卻說："制法而自犯之，何以率下？然孤為軍帥，不可殺，請自刑。"於是拔劍割髮以代刑。雖然沈家本認為"割髮抵髡，操之詐"，但割髮本身的確是一種刑罰，在那個時代，曹操用法自刑，還是難能可貴的。髡刑還具有區分罪犯身份的作用，一般人是不會剃頭的，但罪犯去髮，所以身份一眼就能辨別，這也是為什麼秦律有髡鉗為城旦一說。"鉗"是一種刑具，《漢書・楚元王傳》顏注曰："鉗，以鐵束頸也。"它是一種用一直鐵棍穿進一近半環形很難彎曲的鐵弓的刑具，可以束縛犯罪的脖頸。因此"髡鉗為城旦"也就是帶着刑具，剃去頭髮鬚鬍鬚從事城旦苦役。與髡刑相近的是耐刑。《說文》曰："耐，罪不至髡也。"耐與髡的區別在於，前者只去鬚、鬍，而不剃髮，但後者不僅去鬚鬍，還要剃髮。由於耐刑保持頭髮完好，因此也被後人稱為"完"刑。但事實上，完既非"髡"，也非"耐"，所謂"完"是指"不加肉刑髡剃"，也即許慎《說文》說的"完，全也"，罪人受墨、劓、刖、宮，身體有殘缺，當屬"不完"，髡耐兩刑，身體毛髮受損，在古人觀念中，身體亦有虧損，也是"不完"，因此完刑是不受墨、劓、刖、宮、髡、耐諸刑。之所以有完刑的稱呼，就是要與"不完"相區別，因此無論是"黥城旦""髡鉗城旦""耐城旦"都是受徒刑而加"不完"之虧體之刑，而"完城旦"則僅是單純的徒刑。

按照《魏律》規定，髡刑有四種，大致是沿用以前的城旦、鬼薪等名目及刑期；完刑有三種，分別是四年、三年和兩年徒刑；作刑也有三種，分別是一年、半年、百日徒刑，徒刑共有十等之差。完刑和作刑都是不附髡鉗的徒刑，只是前者為長徒刑，後者為短徒刑。兩晉繼承了曹魏的規定，但又稍有改動，據《唐六典·刑部》載，《晉律》規定："髡刑有四：一曰髡鉗，五歲刑，笞二百；二曰四歲刑；三曰三歲刑；四曰二歲刑。"勞役刑基本變成以時間長短為標準的刑罰，刑罰的科學性和可操作性得到很大提升。南北朝時期，這一趨勢更為明顯，勞役刑開始進入新五刑。《梁律》刪去了髡鉗之名，將耐罪分為四等，分別為五年、四年、三年、二年，另外在鞭刑之上還有"一歲刑、半歲刑、百日刑"三種勞役之刑。北齊將"耐"列入五刑之第三等，刑期從五年到一年不等。《北魏律》將勞役刑稱為"年刑"，因為此時勞役刑大多以年限長短作為輕重區分標準，年刑被列入五刑之中，分為五等，刑期從五年至一年，每等差一歲。

勞役刑正式使用徒刑之名是在北周，《大律》規定：徒刑五，每等一年，從一年到五年共五等。徒刑位五刑（杖、鞭、徒、流、死）第三等，基本奠定了徒刑在五刑中的地位，這種格局為隋唐所沿用，直至清末。隋統一中國以後，定《開皇律》，正式確立封建五刑制度：笞、杖、徒、流、死。徒刑刑期較以往有所縮短，從一年到三年，每等僅差半年，這種規定為唐及後世所效仿。

需要注意的是，除隋唐以外，徒刑一般都要附加鞭刑、笞刑或杖刑。如晉朝的髡鉗五歲刑要附加笞二百；北齊的耐刑一律加鞭一百，另外，除一年期耐刑不加笞刑外，其於四種耐刑還外加笞刑，從二十到八十，每等遞增二十；北周的徒刑也附加鞭笞：徒一年者鞭六十，笞十；徒二年者鞭七十，笞二十；徒三年者鞭八十，笞三十；徒四年者鞭九十，笞四十；徒五年者鞭一百，笞五十。隋《開皇律》將此一罪數刑廢止，徒刑不再附加鞭笞，但到宋朝此例又被恢復。宋初創折杖之法，徒刑之人可以不服勞役，決杖之後即可釋放，徒一年者，決脊杖十三下放；徒一年半，決脊杖十五下放；徒二年，決脊杖十七下放；徒二年半，決脊杖十八下放；徒三年，決脊杖二十下放。雖宋有刺配之法，但徒刑不需要刺面，役滿自放。而流刑以決杖折抵之後，一般還需黥面之刑。元、明、清三朝徒刑都必須附加杖刑，如元朝徒刑五等，分別杖六十七到一百零七，每等增加十下；明清兩朝，附加杖數較元朝每等少七下，從六十到一百。

三、徒刑的意義

　　徒刑的出現，在刑罰的歷史上有一個重要的功效，那就是不斷催生着自由刑這種現代意義的刑種。正是自秦漢以來的勞役刑的不斷發展，才為清末刑法改制建立以自由刑為中心的刑名體系鋪設了基石。古代的徒刑雖然不同於現代意義剝奪自由的監禁刑（徒刑），但它在強迫罪犯勞役的同時，畢竟含有剝奪自由的成分，因此在自由價值萌發的清末，徒刑也就為嫁接西方刑罰理念提供了土壤。但是，必須注意的是，現代意義的徒刑是自由刑，它是隨着自由價值的高漲才應運而生的，而在自由價值基本被忽視的中國古代，強調勞役的徒刑顯然與現代的徒刑有着天壤之別，相同的名字所承載的卻是完全不同的精神。

第五章

生離死別的流放

黯然銷魂者，唯別而已。

在交通極不發達的古代，遠離故土，一去不返，這無異於一種莫大的痛苦。小草戀山，野人懷土，對於鄉土觀念極重的古人，強迫他們到一個語言不通、風俗相異的地方長久居住，甚至終生不允許他們返回舊土，這種所謂流放的刑罰較之死亡甚至有過之而無不及。

流放是中國古代五種主刑之一，所謂笞、杖、徒、流、死。流放在五刑中僅次於死刑。它在刑罰體系中有點類似於我們今天的無期徒刑，處於死刑與有期徒刑之間，有限制死刑濫用的功能。

流刑在中國一直保留到 20 世紀，這一事實本身也反映出中國社會宗族觀念的強大。在中國，人們普遍存在祖宗崇拜的泛宗教意識形態，安土重遷，不願遠離故鄉，不願與自己所屬的宗族共同體分離，就算死亡，遺體也應運回故鄉，與先世祖宗共葬一地。這種觀念直到今天仍然為很多國人所堅信。因此，不難想象，流刑對人宗族依附價值的剝奪所造成的巨大痛苦。

一、先秦的流放故事

流放在我國起源很早，據傳原始社會末期堯舜時即有流放之刑。當時這種刑罰主要是針對氏族內部不聽話的成員所實施的一種懲戒。《尚書·堯典》中有"流宥五刑"的記載。有人把它解釋為："宥，寬也，以流放之法寬五刑"。用今天的話來說，就是對本族成員犯罪本應處以墨、劓、剕、宮、大辟之刑等酷刑，但為寬大起見，改用流放作為寬宥。

但事實上，在生產力極為低下的原始社會，人的生存環境非常艱難，每個人必須依靠集體的力量才能生存，將人逐出氏族事實上可能和殺了他差不多。此外，和任何刑罰一樣，流放也是鎮壓異己、搞政治鬥爭的有力武器。在當時，流刑曾廣泛應用於部落聯盟內的某些鬥爭失敗的氏族首領。

如堯舜時期著名的"四凶"案件。四凶者，共工、驩兜、三苗和鯀，皆為華夏部落首領，四人及其部落都被流放。《山海經》說共工曾與顓頊爭帝，沒有成功，於是怒觸不周山，搞得天柱折，地維絕，弄得是天傾西北，日月星辰移轉方向，東南地面出現了大窟窿，一時洪水滔天。可能是當時勢力太大，顓頊帝倒也沒怎麼懲罰共工。可是到了顓頊侄孫堯帝之時，共工勢力衰微，於是被打入"四凶"之首，流放幽州，用來改變北方少數民族（北狄）的習俗。這可謂是一箭雙雕吧，既懲罰了政敵，又廢物利用讓其作為防禦北狄的第一道防線。驩兜可能與共工關係不錯。相傳，堯年老的時候，在部落聯盟會議上提出後繼人問題，驩兜推薦共工，堯當然沒有同意。後來舜在協助堯理政時，就把驩兜打入"四凶"之中，流放到了崇山，用以改變南方少數民族（南蠻）的習俗。另兩位"四凶"成員就是三苗和治水失敗的鯀了。前者被流放到三危，以改變西邊少數民族（西戎）的習俗，後者被流放到羽山，用以改變東邊少數民族（東夷）的習俗。其中最冤的可能是鯀了。鯀是顓頊帝之子，大禹之父。鯀治水九年，殫精竭慮，勤奮忘我，無論在工程上還是精神上，都建造了比較良好的基礎，如果沒有鯀打下的治水基礎，他兒子禹能否順利完成治水任務可能就很難說了。所以屈原曾為鯀叫過屈，但有意思的是，屈原後來也被楚王流放。歷史上"忠而被逐,情何以堪"的悲劇曾反覆上演。

進入奴隸社會以後,雖然當時的刑罰體系以肉刑和死刑為主,但是流放之刑也有使用,但其主要還是一種政治鬥爭的工具,並非通常之刑。夏商周三代均有流放的記載,如商朝太甲帝由於不遵祖宗之法,統治暴虐,於是被輔政大臣伊尹流放商湯所葬之處桐宮。當然太甲的運氣不錯,伊尹並不想取而代之,讓太甲流放桐宮,只是讓他閉門思過。三年以後,太甲重歸善道,伊尹又將政權返還太甲。

春秋戰國時期也有流放刑萌芽,其中為國人耳熟能詳的莫過於上文提到的屈原了。屈原名平字原,為實現楚國的統一大業,曾輔佐懷王變法圖強,堅決主張聯合六國共同抵抗秦國。無奈木秀於林,風必摧之。變法伊始,屈原就遭到以懷王庶子子蘭為首的楚國貴族集團的仇恨和排擠,他們在楚懷王面前造謠中傷,懷王誤信讒言把屈原降職為"三閭大夫"。屈原雖被降職,但仍關心楚國命運。當秦國為了破壞六國聯盟,派特使張儀來楚國遊說時,屈原冒死進宮勸說懷王不要上當,但懷王卻將屈原放逐到漢北,也就是今天的湖北、河南交界一帶。待到楚懷王覺察受騙,才想起重新起用屈原。可是,時隔不久,當秦邀請懷王到秦地武關(今陝西商南縣西北)會見秦昭王,對於這明顯的鴻門之宴,懷王卻聽信子蘭的慫恿親自去武關,對屈原的苦苦哀勸無動於衷,最後咎由自取,一入關即被秦兵生擒,最後客死秦地。可悲的是,懷王之子頃襄王即位後居然讓罪魁禍首的子蘭擔任最高官職令尹,屈原的下場也就可想而知。子蘭為打擊政敵屈原,在頃襄王面前不斷造謠,頃襄王一氣之下把屈原趕出朝廷,流放到鄂渚（今湖北武昌縣境內），繼而更加遠逐到溆浦（今湖南中西部）。

"國家不幸詩家幸，賦到滄桑句便工"，正是這種無比悲愴的國恨家仇成就了屈原不朽的文學奇葩。屈原所流放的地方在當時可謂人跡罕至，荒涼異常。屈原的《涉江》對此有過記載："入溆浦余儃佪兮，迷不知吾所如。深林杳以冥冥兮，乃猿狖之所居。山峻高以蔽日兮，下幽晦以多雨。霰雪紛其無垠兮，雲霏霏而承宇。"惡劣的自然環境，悲苦的境遇讓屈原這位昔日的貴族"顏色憔悴，形容枯槁"。但更讓他難以忍受的是精神上的無比折磨，"信而見疑，忠而被謗，能無怨乎？"雖然屈原"亦余心之所善兮，雖九死其猶未悔"，仍希望有朝一日報效國家，"路漫漫其修遠兮，吾將上下而求索！"但當國破家亡之際，屈原感傷自己報國無門，在政治理想完全破滅之時，作《懷沙》之賦，抱石沉江以身殉國，享年 63 歲。

其時為頃襄王二十一年（前 278）夏曆五月初五日，後來這一天成了端午節，人們希望用這個節日永遠紀念偉大詩人的不朽靈魂。屈原死後不久，楚為秦所滅。但是屈原這位悲劇英雄卻永遠為世人所銘記，並成為民族精神的象徵。

一千三百多年後，時年 22 歲的青年才俊蘇軾感傷屈原之事，遂作《屈原廟賦》憤然高呼："自子之逝今千載兮，世愈狹而難存。賢者畏機而改度兮，隨俗變化斫方以為圓。"蘇軾認為，屈原為士人的萬世楷模；但屈原之後大多數士人卻成圓滑庸碌的奸詐小人，這是為什麼？他指出，罪惡的根源不在士人，而在朝廷。不幸的是，正如屈原哀悼鯀之受罰不公一樣，蘇軾後來也因政敵攻擊，因言獲罪，流放黃州。為什麼歷史老是周而復始！

這裏要提醒大家的是，雖然秦朝之前已有流放的萌芽，但它和後世作為五刑之一且僅次於死刑的流刑並不相同。

　　上古的流放，罪犯或政敵要被驅逐出國門。這就是《禮記‧大學》所說的"唯仁人放流之，迸諸四夷，不與同中國"。對於那些犯了錯誤的人，仁德的君王會將他們流放，不讓他在中國居住，讓他與蠻夷為伍。想想看，那時的國家概念是宇宙之國，宇宙最中央才配稱中國。將你驅逐出中國，與野蠻人生活在一起，這種懲罰可夠重的。所以，《莊子‧徐無鬼》說："子不聞夫越之流人乎？去國數日，見其所知而喜；去國旬月，見所嘗見於國中者喜；及期年也，見似人者而喜矣；不亦去人滋久，思人滋深乎？"離開中國數日，見到自己的熟人就開心；離開中國數月，見到以前在中國見的東西，就高興；離開中國數年，見到長得像人的東西就狂喜。總之，那時和現在不一樣，出國絕對不是一件好事。

　　但是後世的流放則是將犯罪者放逐到本國控制範圍內的邊遠地區，而非國門之外，犯罪者還在中國境內，當然流放的地點肯定好不了，通常是極遠而無人煙的地方。另外，先秦的流放刑罰主要針對政敵，但是使用並不普遍，尤其是春秋、戰國之際，多國並立，楚材晉用，各國非常注重人才，"此處不留爺，自有留爺處"，如果將一能人"流放"出境，不但起不到懲戒的作用，而且等於把人才推向敵國，有百害而無一利，所謂"入楚楚重，出齊齊輕，為趙趙完，叛魏魏傷"。而後世的流放則比較普遍，這主要是天下一統，普天之下，莫非王土；率土之濱，莫非王臣。

二、流刑的萌芽——遷徙刑

進入秦漢，流放又得到進一步發展。秦始皇在前代流放刑的基礎上制定了遷徙刑。《睡虎地秦墓竹簡·法律答問》記載了幾個關於適用遷徙刑的案例。其一是某盜賊竊取"不盈二百二十以下到一錢，遷之"，小偷偷了不滿 220 錢，就可以被判處遷徙刑。其二是："嗇夫不以官為事，以奸為事，論可（何）也？當（遷）之"，國家的官員不好好幹活，徇私舞弊、玩忽職守也可以判遷徙之刑。《睡虎地秦墓竹簡·封診式》還有一個關於不孝的案件：有個因為犯罪被剝奪官爵的人甲（士伍）因為兒子不孝順，請求官府將其子斷足，然後流放到蜀郡邊遠縣份，並叫他終生不得離開流放地點，官府答應了該士伍的請求。該案可算是開對不孝加以治罪的先河。在此後許多朝代，子孫如果不孝，只要不服教誨且有觸犯情節，父母都可請求官府將其流放，這些忤逆不孝的子孫常由內地發配到雲、貴兩省，而且一般不許赦免，除非遇到特旨恩赦，並經父母等親屬同意，才有釋放的可能，重返故里。

此外，在秦朝，對於統治有危險性的人物除了斬殺，另一種有效的方法就是將其遷徙到邊遠地區。當時最著名的被判遷徙的"反革命集團"與長信侯嫪毐有關。相傳嫪毐與秦太后有私情，被封為長信侯威權日盛，並與太后私下密謀，擬俟嬴政死後，即將兩人的私生子立為嗣王，後來此事被發現。據《史記·秦始皇本紀》記載：始皇九年（前 238）長信侯嫪毐作亂而覺，後兵敗被抓，嬴政將其以及主要黨羽五馬分屍，車裂而死，並滅其族。嫪毐的門客，有些罪輕的被判三年勞役（鬼薪），還有些被剝奪爵位並被流放到了蜀地，"及奪爵遷蜀四千餘家"。相傳是始皇生父的文信侯呂不韋也因嫪毒案被牽連，被罷去相國之職，後被遷往蜀地，於是成就了《呂氏春秋》這部偉大作品的誕生，所謂"不韋遷蜀，世傳呂覽"，這也算是"艱難困苦，玉汝於成"的一個注腳吧。由於當時的四川過於荒涼偏僻，加上年紀大了，又被親子驅逐，呂不韋難免急火攻心，兩年以後就撒手西去。

呂不韋死後，他的門客偷偷地將他葬了。嬴政得知此事後下令：門客中有臨喪哀哭的，如果是三晉地區的人，要被驅逐出境，離開秦國；如果是秦國人且俸祿在六百石以上的，就要削奪官爵並處遷徙刑；俸祿在五百石以下而沒有臨喪哭吊的，也要遷徙，但可保留官籍。嬴政為什麼對呂不韋如此仇恨，不知是否與其身世有關，也許正是因為害怕自己的秘密為人所知，所以急於與呂不韋劃清界限，以示自己血統清白。據說當時嬴政曾咬牙切齒地指出："自今以來，操國事不道如嫪毐、不韋者，籍其門，視此。"至於嬴政生母秦太后，最初也被流放雍城，但後來被人勸說，"秦方以天下為事，而大王有遷母太后之意，恐諸侯聞之，由此倍秦也。"嬴政從政治角度考慮，害怕其他諸侯會因此說三道四，背叛秦國，影響統一大業，於是將母親接回咸陽，復居甘泉宮。

上述事例說明，遷徙刑在秦代已經成為相對獨立的刑種，但它仍與後世作為主刑之一的流刑有一定區別。首先，從《睡虎地秦墓竹簡》的記載來看，秦代遷徙刑的適用對象大都屬於對輕罪的處罰，如盜竊。其次，秦代遷徙刑的目的及量刑標準並不十分明確，在很大程度上具有移民的性質，因而遷徙地往往是選擇國家最需要開發的地區，如四川。

兩漢時期，大一統國家的政治局面逐漸趨於穩定，遷徙刑也進一步發育成熟，但它仍然是一種權宜之策，並未納入正式的刑罰體系。這一時期凡因罪被流放到邊遠地區的稱“徙邊”或“流徙”。與秦代相比，此期的流放刑的位置逐漸接近後世的流刑，即已漸次升級為死刑之下的“減死罪一等”，廣泛適用於上層官吏及其家屬。據《漢書》西漢元、成二帝以後“減死罪一等”屢見史載，如元帝京房、張博案。該案是中國古代非常著名的因官員洩密而被處刑的案件，當然它更多的還是帶有政治鬥爭的特點。

　　京房是當時的大學者，其主要研究方向為《易經》，一時名滿天下，淮陽王的舅父張博對他非常仰慕，於是跟隨他學習《易經》，並把女兒許配給京房。京房每次朝見，回家之後，都把跟元帝之間問答的話告訴張博。後被政敵石顯得知此事，於是指控京房洩漏朝廷機密（術語叫“漏泄省中語”）跟張博通謀，誹謗治國措施。於是京房跟張博同時下獄，綁赴街市斬首，兩人的妻子因為“減死罪一等”而被放逐到邊塞。

　　到了東漢時期，封建統治者本着“以全人命”的原則將“減死罪一等”運用於一般的死囚特赦，東漢後期又將遷徙與勞役刑結合起來執行，如東漢桓帝時馬融、靈帝時蔡邕及其家屬等皆受此刑，這些都表明了遷徙刑向僅次於死刑的重刑過渡。

　　馬融是東漢時期的著名學者和教育家。和今天的很多學者一樣，出仕之心太重，涉足官場這趟渾水，卻不諳為官之道，得罪了大將軍梁冀，梁冀誣陷馬融貪污，馬融遂被免官並流放朔方，當然他後來得到赦免，還升了官，享年88歲。

　　另一位遭殃的學者蔡邕，相比馬融，運氣就差多了。蔡邕是東漢後期著名的文學家和書法家，蔡文姬這位中國歷史上少有的奇女子就是他的女兒。蔡邕在靈帝時官拜郎中，負責校勘書籍，卻因彈劾宦官而被流放，地點和馬融一樣，也是朔方。獻帝時董卓強迫他出仕為侍御史，官左中郎將。董卓被誅後，蔡邕為王允所捕，死於獄中。

需要注意的是，雖然漢代的遷徙刑時有適用，但它更多的還是保留着《尚書·舜典》中"流宥五刑"的代刑痕跡，它並未列入國家法定的常用刑，常常是依據皇帝的敕令變通適用，因此它還是一種臨時性、例外性的措施，並非作為五刑之一的流刑。

三、流刑的形成

流刑正式進入法典是在北朝時期，北朝諸代統治者總結了遷徙刑施用七百餘年的經驗，將"赦死從流"確定為量刑原則，流刑制度正式形成，成為封建五刑介於死刑和徒刑之間的常刑。這在中國刑罰史上具有里程碑的意義，它標誌着肉刑被徹底拋棄，表明刑罰從重到輕的進化規律，也體現了人類從野蠻逐漸走向文明。

為什麼流刑制度正式實施於北朝，這裏有什麼深層次的原因嗎？

這就不得不從漢文帝廢除肉刑說起。公元前 167 年漢文帝劉恆廢除了在中國歷史上延續兩千多年的肉刑。這一改革無疑其有劃時代的意義，使得奴隸制舊五刑向封建制新五刑進化，標誌着刑罰從野蠻逐漸向文明邁進。但是，在改革之初卻出現了一些事與願違的情況。在某種程度上，廢除肉刑不僅沒有降低刑罰的殘忍性，反而使得其殘忍性有所加大。

文帝除肉刑的具體內容是：以髡鉗城旦舂（重勞役刑）代替黥刑，以笞三百代替劓刑，以笞五百代替斬左趾，以棄市代替斬右趾。然而這種改革存在兩個重大的弊病：

其一是廢除肉刑後，斬右趾者棄市，生刑入死刑，這顯然是徒有輕刑之名，而有重刑之實（外有輕刑之名，內實殺人）。事實上，文帝以笞三百、笞五百分別代替劓刑、斬左趾本是仁慈之舉，但在實際執行中又因笞刑數太多，笞刑部位為人體背部要害，而使許多罪不當死者也被打死。一時出現受刑人“率多死”的局面。笞刑於是成為實際上的的死刑。

其二是在徒刑與死刑之間沒有過渡的中間刑，導致不同刑種之間輕重失衡、罪刑失當。作為一種刑罰體系，它必須由輕重不同的刑罰方法組成一個層次鮮明的有機體，各種刑罰應當具有良好的銜接性。舊五刑雖以肉刑為主，過於殘酷，但是生、死刑之間還是能夠做到輕重銜接的。如今肉刑被廢除，又缺乏銜接死刑的中間刑，經常會出現輕重失衡的局面，“死刑既重，生刑又輕”的現象屢有發生。面對這種現象，在缺乏限制國家刑罰權法治思想的古代，司法官員也就習慣於“從重、從快”了，結果那些本來不該處死的人都被“嚴打”了，濫殺、多殺的不良後果也就不可避免，“一時所殺歲以萬計”。

針對廢除肉刑出現的弊端，漢末魏晉時期圍繞肉刑的存廢問題有過曠日持久的爭論。但是肉刑終究沒有在魏晉之際恢復，究其原委，可能是肉刑的名聲太不好聽了，魏晉的最高統治者都不願意背上殘暴的名聲。雖然一些統治者認為恢復肉刑有一定必要性，但一遇到反對意見，最高統治者也不得不斟酌再三，恢復肉刑也就始終是一個建議，而沒有成為現實。在肉刑存廢之爭中，王朗可謂是堅定的反對者，他認為可以勞役刑作為中刑代替肉刑。這種建議為北朝統治者所借鑒，他們正是基於王朗的這一設想，在前代經驗上，提出"赦死從流"這一創造性的思想。流刑終於成為正式刑種，刑制輕重不當的問題也就迎刃而解，肉刑基本上被扔進歷史的垃圾桶，刑罰向着文明邁進了一大步。

北朝流刑制度對後世的刑罰體系產生了深遠的影響，並奠定了後世五刑制度的基礎。具體而言，北朝的流刑制度有如下特點：

第一，流刑被正式列為五刑之一，位列死刑和徒刑之間，是僅次於死刑的重刑。而在先前，雖然秦漢已有遷徙刑，但它並未成為法典中的正刑，它主要是針對判死罪人員的恩赦，只是一種"減死罪一等"的臨時變通的措施，並不屬於正式的刑種。據《魏書・刑罰志》記載，北魏的法定刑有五種，即死、流、徒、鞭、杖。流刑為死刑之下、徒刑之上的固定刑種。北齊、北周和北魏大致相似，北齊刑制為：死、流、刑（徒）、鞭、杖，北周亦為杖、鞭、徒、流、死五等。這顯然和隋唐等後世的新五刑基本相似。流刑作為生死之間的中間刑的地位為法律所確定，這也就解決了肉刑廢除後刑罰體系的輕重懸殊導致的弊端。

第二，流刑的目的是懲戒與戍邊並重，將流人徙邊為兵是當時普遍的一種形式。其實在秦漢時期，遷徙刑就已經具備這一目的。秦二世時大赦"徙"者從軍抗擊陳涉義軍，顯然就是將罪人充軍以抗強敵。西漢時也經常讓罪民西征西域匈奴，如漢代的"屯戍法"，就是將罪人發配邊疆，從事農業生產，供應軍需，同時本人又作為兵士，抵禦匈奴。所以沈家本說："徙民實邊之策實創於錯（指晁錯），不獨漢代行之有效，乃千古至計也。"由於南北朝時期，軍閥割據，連年混戰，兵源緊張是一個普遍現象，這就不得不重視罪人這一龐大群體的人力資源了。

對於這個問題，北魏高宗與其臣僚曾有過一段精彩的對話。隴西王源賀曾上書高宗："臣聞人之所寶，莫寶於生命；德之厚者，莫厚於宥死。然犯死之罪，難以盡恕，權其輕重，有可矜恤。今就寇遊魂於北，狡賊負險於南，其在疆場，尤須防戍。臣愚以為非大逆、赤手殺人之罪，其坐贓及盜與過誤之愆應入死者，皆可原命，謫守邊境。是則已斷之體，更受全生之恩；徭役之家，漸蒙休息之惠。刑措之化，庶幾在茲。《虞書》曰：'流宥五刑'，此其義也。……高宗納之。已後入死者，皆恕死徙邊。久之，高宗謂群臣曰：'源賀勸朕宥諸死刑，徙充北番。諸戍自爾至，今一歲所活殊為不少，生濟之理既多，邊戍之兵有益。'"這一段對話的意思再明顯不過了，既然邊防壓力如此之大，兵源又如此緊張，那為什麼不將一部份死刑犯"廢物利用"，這既可以換一個君上仁慈的好名聲，讓犯人感激涕零，拚死效力，同時又可以解決兵力問題，還可以開發西北邊區，促進社會經濟發展，從而達到"奸邪可息，邊陲足備"之目的。一箭三雕之策，何樂不為。然而，如果想想流放戍邊之人所處的地點"春風不度"，如此蕭瑟荒涼，以及流人遙望故土，今生今世卻無法返回的內心悲苦，並且隨時遭遇戰爭，生死懸於一線，那這種刑罰其實也就不那麼仁慈了。說穿了，統治者從來就沒有把百姓當成人，更何況罪人，百姓的生命不過是實現統治目的的工具，只不過有時披着所謂仁慈的外衣。

四、流刑的光大

　　將流刑制度發揚光大的是唐朝，這也是中華民族最輝煌的一段時期，它所建立的法律制度也成為中華法系的精髓，這一時期的流刑制度基本成為後世流刑的典範。唐律將流刑定為三等，分別是二千里、二千五百里、三千里，稱為三流，以距家鄉的遠近來確定刑罰的輕重，三流都要強制服勞役一年。此外，又創立了加役流作為部份死刑的替代刑。在唐高祖執政期間，一度被廢的肉刑曾有過抬頭，武德年間死刑中的一些內容被改為斷右趾，但是"斷趾"這種殘酷肉刑一經恢復就受到人們的責難，因此素有仁愛之風的唐太宗在即位之初就將斷趾法廢除，"改為加役流"，即"流三千里，役三年"。顯然，這種加役流是死刑犯的一種特赦之刑，屬於特殊流刑，在五刑體系之外，因為犯人不僅流三千里，而且在一般流刑強制服勞役一年的基礎上再加二年。在唐太宗之後，肉刑制度就基本沒有在正式的五刑制度中出現。

　　為了限制死刑的適用，體現儒家"明德慎罰""恤刑慎殺""德禮為政教之本，刑罰為政教之用"的思想，唐代的流刑被廣泛適用，以往可被判處死刑的許多犯罪都降為流刑，所謂君王"不忍刑殺"故得以"宥以於遠也"。唐代有相當一部份流刑是由死刑改判的。如玄宗朝曾多次下詔，要求"降天下死罪從流"，"制天下死罪降從流"。

　　又如，太和元年（827），興平縣有一人名叫上官興，酒醉殺人後逃跑，於是官府將其父親關進大牢，上官興聞訊，為救父親，自首請罪。有關方面考慮其"自首免父之囚"的行為，奏議"減死配流"，文宗皇帝大筆一揮，下詔"免死，決杖八十，配流靈州"。另外，唐律還有"議貴"的規定，官吏除圖謀不軌，叛逆謀反外，也多可改死為流。如唐太宗貞觀十六年（642），廣州都督黨仁弘收受賄賂達百餘萬之多，律應當處死。太宗哀其年老且有功，宥黨仁弘，貶其放庶人，流放於欽州。憲宗元和十四年（819），鹽鐵福建院官權長孺受賄，起初被判處死刑立即執行，但權長孺的母親劉氏向皇帝求情，憲宗憫其母耄年於是將權長孺流放康州。

由於流刑畢竟是一種介於死刑和徒刑的中間刑，帶有限制死刑的特點，有重罪輕判之意，但是為了和徒刑拉開差距，體現流刑的嚴厲性，因此在執行過程中往往要先行杖罰。這個口子一開，流刑限制死刑的作用在實際上就大打折扣，因為棍棒之下冤鬼太多，因此後來統治者適當減少了杖罰的適用。《唐會要》卷四十《君上慎恤》云："總章二年五月十一日，上以常法外先決杖一百，各致殞斃。乃下詔曰'別令於律外決杖一百者，前後總五十九條，決杖既多，或至於死。其五十九條內……今後量留一十二條，自餘四十七條並宜停。'"流刑附加杖罰的範圍有所縮小。但到唐後期，由於統治權處於風雨飄搖之際，流罪附加決杖的範圍又有所擴大，特別是在新頒佈的格後敕，也就是所謂的特別法中經常看到決杖後流的規定。其實這也是封建統治者慣用的把戲，治亂世用重典，在對統治能力極度不自信之時，往往會大舉突破法律規定，法外施刑。

需要注意的是，決杖後流雖然是唐朝的通例，但是對於某些特殊人群，杖罰則是對這些人的寬大處分，因為杖罰之後，流刑就不再適用。在交通非常不便的古代，打一頓總比被趕到荒涼貧瘠的蠻夷之地要強得多，因此以杖代罰也就應運而生。如《唐律‧名律》規定：諸工、雜戶及太常音人者，犯流者，二千里決杖一百，一等加三十，留住，俱役三年……其婦人犯留者，亦留住。《唐律疏義》對此解釋道：此等不同百姓……故犯流者不同常人例配，合流二千里者，決杖一百，二千五百里者，決杖一百三十；三千里者，決杖一百六十；俱留住，役三年……婦人之法，例不獨流，故犯流不配，決杖，留住，居作。諸工、雜戶屬於為統治者服務的技術人員，而太常音人則是直接為皇帝服務的太監，對於這些人當然與一般百姓不同，可以特殊照顧。至於這些人的女眷，由於性別原因，加上負有照顧這些專業人士的義務，為了讓她們的丈夫或男性親人更好地為統治階層服務，因此也就可以一並寬大了。總之，刑罰適用的不平等都是服務於統治者的需要，這在古代中國實在是太稀鬆平常的事情了。

流刑畢竟是重於徒刑的一種重刑，因此其殘酷性也是不言而喻的。唐朝的流刑雖然有流二千里、二千五百里、三千里這三流的區別，但是在實際執行中並不一定按照規定的里程發配，其選擇的地點通常是發配到貧瘠落後的邊遠地區，如嶺南、安南、黔中、劍南等地。而流人最集中的流放之地則是嶺南道。嶺南最北部距京城 3700 多里，最南部的灌州（今越南榮市）距京城 6700 多里，遠遠超出三流的最高限制。

在當時交通如此惡劣的情況下，犯人帶着沉重的枷鎖長途跋涉，其痛苦可想而知，大詩人李白就曾被流放黔中夜郎，途經三峽寫就《上三峽》，曰"巴山夾青天，巴水流若茲。巴水忽可盡，青天無到時。三朝上黃牛，三暮行太遲。三朝又三暮，不覺鬢成絲。"三峽中有一座黃牛山，由於水流曲折加上逆水行舟速度遲緩，因此一連三天都未曾遠離黃牛山，山巒始終在視線之內。行路之苦，可見一斑，流人在無限痛苦的行程中心情滯重也就可想而知了，真是所謂"青天無到時"。當然，李白的運氣還是不錯的，船至白帝城時忽然得到被赦免的消息，心境豁然之際也就有了"朝辭白帝彩雲間，千里江陵一日還。兩岸猿聲啼不住，輕舟已過萬重山"的傳世名篇。

只不過大多數受刑之人就沒有太白的運氣了，在他們看來，嶺南簡直就是鬼門之關。唐代詩人楊炎的《流崖洲至鬼門關作》稱："一去一萬里，千之千不還，崖洲在何處？生度鬼門關。"不知今天的人們到了崖洲（今三亞）這所謂的天涯海角，在感歎大好河山如此多嬌之時，是否能夠體會古代流人的心酸。在當時，嶺南是怎樣一個地方啊！荒冷偏僻，瘴癘橫行，習俗迥異。很多流人都是在長途跋涉中一命嗚呼，即使幸運地趕到流放地，也很難逃過瘧疾肆虐、水土不服的厄運。因此，就連為流人送行之人也相信，他的朋友永遠也不可能回到故土，此去就是永別。唐代詩人王建的《送流人》一詩道出個中悲苦："見說長沙去，無親亦共愁。陰雲鬼門夜，寒雨瘴江秋。水國山魈引，蠻鄉洞主留。漸看歸處遠，垂白住炎州。"

五、折杖法和刺配法

宋朝的流刑制度延續了唐朝的規定，但是它也有一些明顯的變化，這主要是折杖法和刺配法的創設。首先看折杖法，這其實是五刑中各個主刑的轉換方法，用杖刑作為標準來代替其他主刑。折杖刑的靈感可能來源於唐朝對於流刑犯人所實施的決杖後流以及部份特殊人士杖而不流的制度，鑒於杖刑與流刑以及其他主刑的可替代性，建隆四年（963），宋太祖趙匡胤下詔創立折杖法，將五刑中的笞、杖、徒、流四種刑罰折成相應的臀杖或脊杖，使"流罪得免遠徙，徒罪得免役年，笞杖得減決數"。以改變唐末五代刑罰過於苛重，刑罰種類紛繁蕪雜的混亂局面。折杖法作為代用刑，以附敕列於《宋刑統·名例律·五刑門》中，相當於今天的從屬於刑法典的附則。原有的流刑，用脊杖、臀杖完後分為兩種情況處理：加役流決脊杖二十，配役三年，流三千里至二千里，分別決脊杖二十、十八、十七，配役一年，都不再遠流。折杖法是一種"折減"性質的刑制。但其適用範圍有限，死刑及反逆、強盜等重罪不適用此法。在一定程度上，折杖法起到"損除煩苛""新天下耳目"的作用，對輕罪犯人明顯有利，也有利於緩和宋初的社會矛盾，體現了刑罰輕緩化的發展趨勢。但是，從宋朝刑罰制度的整體發展來看，折杖法並未改變其不斷加重的總趨勢。

如果說折杖法是一種對犯人從寬發落的制度，那麼刺配法則正好相反。刺配法首創於五代的後晉，是對流配犯人附加黥面的做法，它是肉刑之一黥刑的復活。唯一不同的是，黥刑是舊五刑中的一種主刑，而刺配主要是五刑中流刑的附加刑。

宋代刺配刑罰適用很廣。宋真宗時關於刺配的法律規定有四十六條，仁宗慶曆時有一百七十多條，到南宋孝宗時，刺配法多達五百七十條。《宋史·刑法志》中說："配法既多，犯者日眾，刺配之人，所至充斥。"宋律規定，流、徒、杖刑都可以同時黥刺，但對於流刑一定要附加黥刑。黥刺的方法多種多樣。初犯刺於耳後，再犯、三犯刺於面部。流刑，徒刑犯刺方形，杖刑犯刺圓形，直徑不過五分，也有刺字的，強盜犯、竊盜犯在額上刺"盜""劫"等字樣，在臉上還往往刺有發配的地點，一般為"刺配某州牢城"字樣。在《水滸傳》中，宋江、林沖、武松等人臉上都有"金印"——刺字。因此，武松醉打蔣門神，先要用一塊膏藥貼住臉上的金印，以防他人識其身份。事實上，當時有些流人為了避免囚犯的身份洩露，都採用"艾炙"或"藥取"的方法消除刺字。

起初，刺配不分尊卑貴賤，凡犯必刺。宋神宗熙寧二年（1069），知金州張仲宣坐枉法贓，按例當死，法官從輕發落杖脊後流放海島。大臣蘇頌以"刑不上大夫"為張仲宣說情，認為張乃五品官員，有罪處死還應乘車就刑。如果在臉上刺字，雖不為過，但有損朝廷命官的尊嚴。神宗皇帝批准了蘇頌的奏請。從此以後，凡是宋代命官，犯罪者一律不加杖刑、刺面。這也是為什麼蘇軾在流放嶺南之時，還有心思吃荔枝，並作詩自慰：日啖荔枝三百顆，不妨長做嶺南人。如果蘇軾被黥面發配，估計就沒有這種雅興了。

到北宋後期，刺配之刑被廣泛適用，可能是刺配之人太多，刑罰的打擊效果大打折扣，有些人對刺字不以為然，於是造成了民間文身藝術的發展。有些軍人或勇武之人也在臉上或身上刺字，以示志向，如為人熟知的岳母刺字與抗金的"八字軍"。還有些人在身上刺上各種花紋，甚至詩詞圖畫，甚至還成立了文身愛好者團體"錦體社"，而專門為人文身的工匠"針筆匠"也應運而生。趕上節日狂歡之時，渾身刺滿各種花紋的妓女也上街載歌載舞，露出從臀到足刺滿花紋的"花腿"，招搖過市。不知刺配法的發明者面對這種揶揄會作何感想？

宋朝的刺配法對後世有重大影響，元明清均沿襲未改直至清末才被廢除。刺配法加大了流刑的殘酷性。宋代卻對流犯實施了"既杖其脊，又配其身，且黥其面，是一人之身一事之犯而兼受三刑"。流刑在執行過程中，不僅要適用主刑流刑，往往附加脊杖、黥面的懲罰。

　　刺配法的興起正是以往肉刑存廢爭論的延續，這個爭論是中國刑罰發展的一個基本矛盾，也是"亂世用重典"這一中國封建法律文化的直接寫照。流刑具有降死一等的地位，是對犯人的寬宥，但是如何合理地拉開死刑與生刑之間的距離，實現流刑在生死之間的中刑地位是歷代統治者思考的關鍵。

　　在唐朝，由於政治、經濟、文化的充分發展，統治者對自己的執政能力高度自信，尤其是唐初鑒於隋因暴政而亡的歷史背景，以唐太宗為首的統治集團在立法指導思想上始終強調"用法務在寬簡""刑罰所及，則思無以怒而濫刑"（魏徵《諫太宗十思疏》）的慎刑思想。因此包括流刑在內的刑罰與任何朝代相比，都是相對輕緩的。流刑只是遠流數千里、居作若干年。在某種意義上，它比那些身帶枷具而又必須在官吏監督下進行無償勞動的徒刑犯更為寬宥。

　　尤其是隨着社會生產力的發展、交通條件的改善、人口流動的頻繁，人們對鄉土的依戀程度大不如前，在這個背景下，流刑存在的根基有所動搖。正如宋大臣曾布所言"近世之民，輕去鄉井，轉徙四方，固不為患，而居作一年，即聽附籍，比於古亦輕矣"。更為重要的是，宋朝是一個奇怪的朝代，它雖經濟高度繁榮，但國力始終衰弱，國土面積較之唐代亦大打折扣。"承五季之亂"建立起來的北宋王朝不僅先天不足，而且後天也嚴重失調。王朝面臨的矛盾較之唐朝要多出太多。

北宋王朝成立之初，不僅要集中力量消滅各地的割據勢力，還要對付邊境少數民族政權的侵擾，饒是開國兩位皇帝（宋太祖趙匡胤、宋太宗趙匡義兩兄弟）英明神武，將前一個問題基本解決，但後面這個禍患終宋兩朝都未能搞定，到後來竟釀成靖康之恥兩位皇帝被金國擄走的千秋笑柄；另一方面，建國之後，宋朝的財政問題始終沒有解決，冗員充塞，國庫空虛，揭竿起義此起彼伏，北宋之初就有王小波起義，到了後期方臘、宋江等造反運動更是將北宋朝廷弄得疲憊不堪。在這個背景下，幻想着統治者延用唐朝的輕刑政策顯然不太現實。鑒於此，"用重典，以繩姦"（《宋史·刑法志》）就成為宋朝統治者的主要立法指導思想。此外，鑒於唐代刑罰雖重教化但刑不足以懲惡的事實，宋王朝則依據"禁姦止過，莫若重刑"。其實，出身於亂世之中的趙氏兄弟，在立國之初，也未嘗不想援用唐例減免刑罰，但實在是有心無力。據說，宋太宗趙匡義對自己的成就非常自豪，曾向大臣詢問，自己較之唐太宗如何？下面當然少不了溜鬚拍馬之人，但有位叫李昉的官員卻吟唱白居易的"怨女三千出後宮，死囚四百來歸獄"，說的是唐太宗把全國所有的死刑犯共計 390 人全放回家過年，並要求他們明年秋天回來報到受刑。次年，這些死囚全都回來了，於是李世民把他們全都赦免了。宋太宗聽了，遽起座道："朕不及他，朕不及他！卿說的警醒朕了！"

宋朝刺配法興起的另外一個原因與其國土面積急劇縮小有重大關係。對於流刑的實施，幅員遼闊是其一個基本前提，但是宋朝的國土與唐相比簡直小得可憐，它不可能像唐朝那樣有如此廣袤的國土可供流放。據《宋史·刑法志》記載，當時最重的流刑不過是判流沙門島，《水滸傳》裏的盧俊義就是被"直配沙門島"。沙門島大約即是今山東長島縣西北的大黑山島，距離汴京（今開封）不過三千多里，這與唐朝的流放地點相比，簡直是小巫見大巫了。到了南宋時期，就連沙門島都成了金國勢力範圍，宋朝可選擇的流放地點就更少了。

在這些背景下，如果還完全照搬唐朝的流刑制度，顯然對犯人來說是太過仁慈了，因此在"流不足治"的前提下，宋代立法者又為流刑附加"脊杖"與"黥面"。也就是所謂的"流不足治也，故用加役流；又未足懲也，故有刺配；猶未足以待，故又有遠近之別。"意思是說，流刑不足以懲罰犯罪時，可以採用加役流，如果還不行時，就可以適用刺配之刑，同時根據罪行的輕重，利用距離遠近達到罪刑相當。宋代流刑通過"流放"與"肉刑"的結合，在某種意義上解決了流刑懲治力度不足的問題，拉近了死刑與生刑之間的懲治距離，從而確保了流刑作為生死之間中刑的地位。

總之，中國古代刑罰的基本思路都是將刑罰作為一種治理社會的純粹工具，它並沒有獨立價值，因此也就不可能有現代社會通過刑法限制國家刑罰權的法治精神，刑罰人道主義在當時根本就沒有滋生的土壤，治亂世用重典的思維邏輯始終為歷代統治者所堅信，刑罰輕重的周而復始無非是統治者的權宜之計。他們並沒有意識到，刑罰只是各種社會控制政策最後的無奈選擇，它並不能根本改善亂世的局面，因為只有最好的社會政策才是最好的刑事政策。有宋一朝，雖然刑罰呈現出不斷加重的趨勢，但是亂世的局面始終未曾改變，最後也無法挽救宋王朝的覆滅命運。

六、南人發北，北人發南

元朝的流刑又有新的發展，這主要是"新流刑"的創立，所謂"新流刑"是指流遠與出軍，它們都是從蒙古族古老的懲治方式中脫胎而來的。出軍與流遠的主要去所在素為"瘴癘"之地的湖廣與北鄙的遼陽。罪犯一般是南人發北，北人發南。所謂"流則南人遷於遼陽迤北之地，北人遷於南方湖廣之鄉"。出軍的罪犯到達配所之後，主要是"從軍自效"，在當地屯種增強邊方鎮戍軍伍的實力。原則上，除了大赦，出軍與流遠的罪犯要終老發配之地，永無回歸故土的希望。與傳統流刑相比，其懲治力度更為嚴厲。出軍與流遠起初並行，至元仁宗、元英宗年間，出軍逐漸進入流遠刑，使流遠刑成為一種新的流刑方式。

元朝流刑的最大特點就是上文所說的，南人發北，北人發南。這也為明清所仿效。這與元朝的幅員遼闊有很大關係。元朝是中國歷史上國土面積最大的朝代，其行政區劃歷經數度變更，最終將全國劃分為中書省直轄的"腹裏"地區和10個比較固定的行中書省。《元史‧地理志》稱："蓋嶺北、遼陽與甘肅、四川、雲南、湖廣之邊，唐所謂羈縻之州，往往在是，今皆賦役之，比於內地；而高麗守東，執臣禮惟謹，亦古所未見。"難怪元朝統治者自豪，饒是無比強大富饒的唐朝，這些地方都不過是名義上附屬於中央的"羈縻州"，其版籍並不向唐朝呈報，也並不承擔一定的貢賦。但是到了元朝，這些地方統統屬於元朝行省範圍，一律要向中央交稅。

這裏要解釋一下"羈縻"的意思，對於現代的讀者，這個詞語實在是太過陌生。羈縻，有籠絡之意。它是古人為了達到"四海之內莫不為郡縣"的效果，在少數民族承認中央王朝統治的前提下，中央王朝允許其進行有限度的自治，保持本民族原有的社會經濟制度、宗教信仰及風俗習慣、文化傳統等等，"一切政治，悉因其俗"，以達到"不改其本國之俗而屬於漢"的成效，所謂"懷柔遠人，義在羈縻，無所臣屬"。當然，羈縻的最終目的是為了"以華變夷""華夷一體"，直至實現"大一統"的局面。這個目標看來只是在元朝才得到實現。

以往的羈縻之州如今已經成為"大一統"的一個部份，但是它畢竟仍過於荒涼偏僻，因此它就成了"南人發北，北人發南"的首選之地。當時，蒙古人、色目人主要發配兩廣、海南，最南甚至到越南北部，而漢人、南人則發配遼陽屯田，最遠已到黑龍江以北、烏蘇里江以東地區，即今俄羅斯境內。

七、流刑的變異——口外為民和充軍

流刑在五刑制中處於降死一等重刑的地位，但是隨着人們活動範圍的擴大，交通條件的改善，流刑已越來越無法實現降死一等的目標，它與徒刑的懲治力度也過於接近，因此明代基本將流刑存而不用，而另創了兩種新的流放形式，即口外為民與充軍。

"口外為民"作為一種懲罰模式，大致在明中葉天順初年，它與明初洪武時期的"家遷化外"、永樂時期的"發北京為民"有明顯的淵源關係。對於"口外為民"的"口外"，一般集中在北直隸的隆慶州與保安州，均位於北邊內長城之外。個別罪重的，或從隆慶、保安二州逃亡的，也可能發往遼東的安樂、自在二州。對於犯人而言，口外的生活條件異常惡劣，而且環境與內地完全不同。同時，如果罪犯以往是朝廷官員，在處刑之前，還要革除官職。除了朝廷大赦天下，明令可以放回以外，口外為民的罪犯一般都要終老當地，不能返回，因此其懲罰力度還是比較強的。但是，口外為民與傳統的流刑並沒有本質的不同，它還是將犯人發配到遠離鄉土的地方，只不過地點比較固定，在解決流刑降死一等的問題上並沒有實質的突破，因此，口外為民並沒有成為一種普遍實施的懲治方式。

流刑的另一種變異形式是充軍，也就是將罪犯發充軍役。嚴格說來，早在秦漢就有充軍的先例，但是作為一種普遍的刑罰形式，充軍還是在明朝被廣泛運用，清代繼續採用充軍之名，直到清末宣統時才被廢止。

在明初，充軍主要是針對軍人。軍人犯罪，若應處普通流刑，一般以充軍代替。受刑人終生要在邊境附近的軍屯服役。但是到了洪武中期，充軍開始適用於普通民眾。當時的法律規定：對非法鹽商、市場囤積居奇者、訟棍、無籍流民等其他一些沒有正當職業的非軍事人員都可以發配充軍。一時充軍人數急劇增加，以致"良民多坐微眚隸斥籍"，"故遣戍獨多，每一州縣無不以千數計"。相當多的老百姓被發配充軍，用來增強邊境禦敵的實力。充軍比傳統的流刑以及"口外為民"更為嚴厲，因此被普遍適用。在洪武初年，還只是偶有充軍記載，但到嘉靖、萬曆兩朝，適用充軍的罪名條款就分別增為 213 款和 243 款。除卻法律規定的條款，有相當的犯人還被法外加刑，發配充軍。

當時，有一個叫作"不應為"的罪名，也就是法律沒有規定，但官府認為不應該去做的事情。所謂"律令無條理，不可為者"。這個條文就厲害啦,世事千變萬化,任何法典都不可能窮盡各種可能性,但即使法律沒有對此行為治罪,只要官府從情理推斷不可為之,就可以判處刑罰。說白了,這不過是給"欲加之罪,何患無辭"貼上了法律的標籤。"不應為"罪名首見於《唐律疏議·雜律》,但其刑罰不高,最重不過杖八十,但在朱元璋重典治亂的"嚴打"期間,許多人因犯"不應為"罪卻被發配充軍。明朝還有一種法外充軍的情況是"為力士事",一種解釋認為力士是指力氣特別大的人,統治者認為力氣大者好鬧事,有礙社會治安,故遣戍之。當然,這種說法是否正確還有待進一步研究。

充軍的嚴厲性體現在哪呢?我們不妨從其適用對象分別說明。對於軍官而言,在充軍以後,官職被罷免,而且還要南北互調。一般軍人充軍,先要受杖刑一百,同樣也要南北對調,而且還要承擔更為艱苦的兵役。如果軍官軍人沒有建立軍功,那就要終老駐地。對於非軍事人員而言,充軍的嚴厲性就更為明顯了。除了"南人發北,北人發南"外,他們的職業也發生改變,無論是官員還是民人,身份都變為軍人,而且還要在衛所承擔比一般軍人更為苛重的軍役和勞役,其待遇也更為惡劣。有趣的是,這類充軍被稱為"恩軍",畢竟是皇帝從輕發落,免死充軍嘛!因此他們也應感恩戴德,終生服役"以謝皇恩"。明初的軍犯甚至為永遠軍犯,不僅自己要終生服役,其子孫後代均要世代承擔兵役。

明代充軍的廣泛適用與其屯兵制度有莫大關係。明初為了解決軍隊的供給問題,實行軍事屯田制度,自力更生,自給自足,不給中央造成負擔。屯兵制度的初衷是好的,當年朱元璋就曾自豪地宣稱"吾養兵百萬，要不費百姓一粒米"。但是，軍旅生涯卻異常悲慘，強制的軍事屯田，兵士世代不得脫籍，軍餉微薄，戰時做炮灰，平時做苦力，逃亡則採取連坐，強制親戚家人代替。這種職業有幾人願意為之呢？一時之間人們千方百計想出辦法逃避從軍的厄運。明成化年間，御史王衡曾指出"況人所畏當者莫過於軍，千方百計逃避苟免"。當時有人為了逃避兵役，甚至將手指剁掉，以身有殘疾之名逃避徵召。於是這又為充軍增加了一個新的條目——"為剁指事"，類似於今天的戰時自殘罪。為了逃避軍事徵召，自虐自殘，就要強迫你從軍，而且還要讓你承擔比一般兵士更為惡劣的軍役。為了解決兵源問題，充軍也就應運而生。大量的犯人都被發配從軍，不僅自身，甚至子孫後代都要永遠為大明王朝效力。

充軍為明朝滅亡埋下了禍根。如此悲慘的軍戶生活，導致軍隊缺乏基本的作戰能力和士氣。屯兵制度的實施又給皇帝隨時以屯田為名克扣軍餉大開方便之門，加上明朝重文輕武、文人帶軍，種種制度上的弊端導致明朝的軍隊成為中國歷史上戰鬥力最低的軍隊之一。曾讓蒙古鐵騎望風而逃的大明軍隊在明朝後期竟然如此不堪一擊，最後落得個皇帝自縊煤山，江山拱手他人的悲慘結局。

明亡之後，充軍雖然為清律所保留，但清朝充分吸取了明朝覆亡的教訓，禁止犯法逃兵混收入伍，影響士兵質量，加上清朝軍制與明朝截然不同，因此清朝的充軍與明朝已有本質不同，罪犯充軍並不編為軍戶，充軍只是一種更重的流刑。按照清律規定，充軍分為附近充軍（二千里）、近邊充軍（二千五百里）、邊遠充軍（三千里）、極遠充軍（四千里）、煙瘴充軍（四千里）五等，稱為"五軍"。充軍與傳統的流刑並沒有太大區別，只是極遠充軍和煙瘴充軍的距離遠於流三千里而已。

八、最後的流刑——發遣

清代對傳統流刑的最大改變是發遣刑的創立，這也可以看成是流刑最後的迴光返照，隨着清末修律，流刑這種在中國存在數千年的刑罰制度也就徹底地被扔進歷史的垃圾桶。

發遣是將罪犯發配到邊疆地區給駐防的八旗官員當差為奴的刑罰，是清朝特別創立的刑罰。發遣有為奴、當差、種地等區別。為奴是發遣中處罰最重的刑罰，犯人或者給邊防駐防官兵為奴，或者給"新舊滿洲人"和新疆的維吾爾族伯克為奴，其中以給官兵為奴最多。當差是指承擔各種艱苦的雜役，如在驛站充當站丁，或充任水手、匠役等，發遣到新疆的犯人還有挖礦、燒窯、拉纖、挖渠、護堤等差役。種地則有拓邊墾殖的性質，到新疆的發遣犯人大部份用於種地，主要與當地屯兵合力耕作，或是單獨耕種。發遣犯人與邊軍關係密切，為奴者以給駐屯軍為奴為主，所當之差也主要是為駐軍及其家屬服務，種地者又以附屬軍屯的耕種為主，但犯人不能直接發充為兵，因為入伍是對犯人的一種獎賞，而非懲罰。

在當前的清宮劇中，經常能夠聽到皇帝對罪犯"發配寧古塔，賜予披甲人為奴"的懲罰。這其實也是發遣刑在歷史上的真實寫照。從順治年間開始，寧古塔就成了清廷發遣人員的主要接收地。披甲人是八旗旗丁的一種，八旗旗丁按照身份地位，分為阿哈、披甲人、和旗丁三種。阿哈即奴隸，多是漢人、朝鮮人；披甲人是降人，民族不一，地位高於阿哈；旗丁是女真人。八旗旗丁平時耕田打獵，戰時披甲上陣。

寧古塔在今黑龍江省寧安市，是清代統治東北邊疆地區的重鎮。滿語數之六為寧古，個為塔，相傳清皇族先祖兄弟六人曾居此地，故得此名。在清朝，寧古塔是一個聳人聽聞的地名，它是清朝最著名的流放地。康熙時期的詩人丁介曾有詩寫道："南國佳人多塞北，中原名士半遼陽"，說的就是此地。被發遣至寧古塔的流人有抗清名將鄭成功之父鄭芝龍、文人金聖歎家屬、思想家呂留良家屬、著名詩人吳兆騫等，其中相當一部份是因文字獄牽連而來。

發遣寧古塔的流人命運極為悲慘，從內地長途跋涉至冰天雪地的東北對於流人本身就是一個巨大的挑戰，清人筆記《研堂見聞雜記》中對此有過細緻的描述："諸流人雖名擬遣，而說者謂至半道為虎狼所食，猿狖所攫，或饑人所啖，無得生者。"許多流人在路途中就被野獸吃掉，甚至被饑民分食，能夠走到寧古塔為奴為役終老此生亦是萬幸了。寧古塔的生活異常艱辛，清代流放此地的詩人吳兆騫記述："官莊人皆骨瘦如柴"，"一年到頭，不是種田，即是打圍、燒石灰、燒炭，並無半刻空閒日子"。

吳兆騫何許人也，他是清初著名詩人，才華橫溢，少年時就被譽為"江左三鳳凰"之一。可惜文人的清高與執着讓他踏上了寧古塔的發遣之路。順治十四年（1657），吳兆騫鄉試中舉，本該是件值得慶賀的事，卻受人誣陷，牽涉"南闈科場案"。

翌年，吳兆騫赴京接受檢查和覆試。在覆試中，又發書生意氣，當時所有的殿試舉子都戴上枷鎖答卷，但他不堪受辱，交白卷以示抗議。順治皇帝親審吳兆騫的案件，最後雖然查明他沒有舞弊，但仍然將其重責四十板，產籍沒入官，父母兄弟妻子一並流放寧古塔。他的朋友吳梅村為他的執拗寫下一段令人無奈的詩句：「生男聰明慎莫喜，倉頡夜哭良有以。受患只從讀書始，君不見，吳季子！」

吳兆騫在寧古塔受盡折磨，在冬天只能用斧子敲鑿冰塊，粗糧為食。好在他有一群始終關心他的朋友。他的好友顧貞觀（字梁汾）在給他送行時就許下諾言，必定全力營救。為了朋友，顧貞觀向當時太傅明珠之子納蘭性德求援，納蘭性德開始並未允諾。一年冬天顧貞觀寓居北京千佛寺，環顧皚皚冰雪，想起冰天雪地生死未卜的好友以及當初的許諾，不禁潸然淚下，遂寫下感人肺腑的千古名篇《金縷曲》兩首：「季子平安否？便歸來、平生萬事，那堪回首！行路悠悠誰慰藉？母老家貧子幼。記不起，從前杯酒。魑魅搏人應見慣，總輸他覆雨翻雲手。冰與雪，周旋久。淚痕莫滴牛衣透。數天涯、依然骨肉，幾家能夠？比似紅顏多命薄，更不如今還有。只絕塞、苦寒難受。甘載包胥承一諾，盼烏頭馬角終相救。置此札，兄懷袖。」「我亦飄零久。十年來，深恩負盡，死生師友。宿昔齊名非忝竊，試看杜陵消瘦，曾不減、夜郎潺。薄命長辭知己別，問人生、到此淒涼否？千萬恨，為君剖。兄生辛未吾丁醜，共些時，冰霜摧折，早衰蒲柳。詞賦從今須少作，留取心魂相守。但願得、河清人壽。歸日急翻行戍稿，把空名料理傳身後。言不盡，觀頓首。」

這兩首詞所體現的人間至情，那種對好友的牽掛、關切讓人動容，令人涕淚不止。納蘭性德見到此詞，大為感動，說：「何梁生別之詩，山陽死友之傳，得此而三。此事三千六百日中，弟當以身任之，不需兄再囑之。"顧貞觀曰："人壽幾何，請以五載為期。"感動萬千的納蘭性德終於同意解救吳兆騫，答應在五年之內一定完成此事，並表明自己營救兆騫當義不容辭："絕塞生還吳季子，算眼前外皆閒事。知我者，梁汾耳！"經過很多人的努力，吳兆騫終於被贖了回來。康熙二十年（1681），在發遣二十三年後，吳兆騫與家人終於啟程南歸，重還關內，當年的青春少年，如今已是白髮蒼蒼。

　　吳兆騫是幸運的，因為他有這麼多關心他的朋友，而且還能得朝廷權貴相助，甚至因為文章上達天聽，受到康熙皇帝的賞識，最後回歸故土。而更多的寧古塔流人就只能終老異鄉了，一位寧古塔流人在悼念亡妻的誄文中寫道："及天降災而人遭禍，家已破，人已亡，流離顛沛，隨地悲傷。視黃河之洶湧而目眩，瞻泰山之突兀而心慌。思親也日灑千行之淚，思女也夜回九折之腸。宿孤廟而踽踽，投野店而彷徨。氏猶且扶我病軀而肩負幼子，口銜食物而手挾衣囊。雖忍饑而衝夜霧，即葛屨而履晨霜。吁嗟乎！吾得苟延性命以至於今者，皆氏之徹夜看視，寒涼迭進，而使得離床。初則為賢良之內助，後則為患難之糟糠。細思其始末，吾寔（實）心痛恐至瞑目而猶不忍忘。哀哉久離桑梓之地，終焉沙漠之鄉。難受者火坑之厄，邀恩者雨露之涼。賃屋於西關之側，棲身於大路之旁。寒威透體，凍雪堆牆，冷風穿壁，微月當窗。氏則擁衾輾轉，吾亦倚枕思量……飲冰茹蘗，以至小康。拮據而寸心盡碎，操勞而食指皆僵。吾嗜醇醪而無端歌泣，揮翰墨而自為短長。卒至萍蹤偶合，耕田築室於東京者為安身立命之場……"寧古塔流人的無限辛酸又豈是這短短的悼文所能言盡。

第六章

形形色色的死刑

在所有的刑罰中，死刑的歷史是最漫長的。一部刑罰的歷史，在某種意義上就是死刑從產生到發展，直至受限的全過程。作為一種剝奪生命的刑種，死刑本來並不具有可分割性，但在刑罰史上，統治者為了最大限度地發揮死刑的威懾作用，曾一度變換死刑的執行方式，規定了形形色色、殘忍至極的死刑方法，僅僅法定的常見死刑，就有十餘種。翻開歷史，你會發現，在人類文明演進的歷程中，曾經有過那麼一段無比血腥，讓人觸目驚心的時代。

一、死刑縱覽

1. 絞

絞刑，又稱縊刑，是古代死刑中最"人道"的一種，它為罪人保其全屍，在非常注重"身體髮膚，受之父母，不敢毀損"的古代，這種刑罰當屬最輕之死刑。絞刑最早見於春秋時期，《左傳·哀公二年》有"若其有罪，絞縊以戮"的記載，杜預注解說："絞，所以縊人物。"也即用繩帶之類，將人縊死。按照沈家本推測，絞刑應該起源於自縊行為。春秋時，魯殺公子慶父，鄭殺公孫黑，楚殺成得臣、公子側，皆讓罪人自縊。

與絞刑相似的是磬（罄）刑。《禮記·文王世子》云"公族起有死罪則磬於甸人"，鄭玄注解說："縣（懸）縊殺之曰磬。"磬的本意原是古代的樂器，用石頭或玉做成，演奏時，將磬懸於木架之上。古人聯想豐富，人被縊殺之後，屍體高懸於室，類似磬這種樂器，因此把縊死後屍體的懸掛狀態稱為"磬"。北周規定死刑五種：一磬，二絞，三斬，四梟，五裂。磬與絞分列，說明它們在執行時可能存有區別。絞刑只需用繩索把人勒死，而不一定要懸掛，但磬刑在縊後可能還須懸掛。

絞刑正式進入法典，始於北周、北齊。隋《開皇律》沿用，定死罪為絞、斬二刑。從此以後，絞刑作為正刑，此後除元代有斬無絞，其餘各朝均列於正刑內，一直延續至清末。和其他死罪相比，絞刑是最輕的死刑。絞縊能使人保持完整的屍體，因此一般用於罪輕的死囚，或者是對犯死罪的皇親國戚、高官權貴的一種“恩賜”。如安史之亂時，唐玄宗偕楊貴妃逃至馬嵬坡前，將士相逼，玄宗不得不賜楊貴妃自縊，其時楊貴妃才 38 歲，可憐楊貴妃被賜死時還說：“妾誠負國恩，死無恨矣。”

在中國古代，絞刑並非以西方常見的懸吊方式處死犯人，而是慢慢地把犯人絞勒死，其殘忍性可想而知。絞刑的方式一般有三種：一種是將犯人跪綁於行刑柱上，然後用繩圈套在犯人頸上，由兩名行刑人員各在繩套上插進一個小棒，然後把繩子絞緊將犯人勒死；另一種則是將犯人立綁於行刑柱，套繩圈於頸，由執刑者在柱後逐漸絞緊，把犯人勒死；第三種是把弓套在受刑人脖子上，弓弦朝前，行刑人在後面旋轉弓。弓越轉越緊，受刑人的氣也就越來越少，直到最後斷氣。這類刑罰讓受刑人在死亡之前，仍要承受巨大的痛苦，因此很多人都事先給劊子手行賄，以避免更大的痛苦。清代著名文學家方苞在《獄中雜記》曾有這種記載：“凡死刑獄上，行刑者先俟於門外，使其黨入索財物……其絞縊，曰：‘順我，始縊即氣絕；否則三縊加別械，然後得死。’”

2. 斬殺

斬殺之刑，今人俗稱殺頭，這是古代最常見的死刑執行方法之一。先秦時，"斬"特指斬腰，而非斬首，而"殺"是將人身首分離，因此《周禮‧秋官‧掌戮》的注解說："斬以斧鉞，若今要（腰）斬也；殺以刀刃，若今棄市也。"斬和殺之間的區別一目了然。漢以後，腰斬、斬首都被統稱為斬，劉熙《釋名》云："斫頭曰斬，斬腰曰腰斬。"但為了相互區分，漢代改稱斬首為"殺"、腰斬為"斬"。隋唐時期，腰斬被廢止，因此斬和殺也就合二為一，都指讓人身首異處的斬首之刑。由於斬刑讓人頭顱和身體分離，就像木頭斷裂分異、殊絕，所以五代時期，常以殊死指代斬刑，或將應受斬刑之罪稱為殊死之罪。如北齊大辟四等，其中"斬刑，殊身首"，"絞刑，死而不殊"。從死者的痛苦程度而言，斬殺算是最輕的，一刀斃命。但斬死者不能保留全屍，這對罪人而言，實是一種莫大的侮辱，因此在死刑等級中，斬要嚴屬於絞刑。自隋定死刑為斬、絞二等，以後歷朝皆循此制（除元朝有斬無絞外），死刑唯此兩項，至於凌遲等其他死刑方法，並不入正刑之類。斬首作為一種正刑，在清亡後才被槍斃所取代。

最初，無論腰斬還是斬首，其刑具都是斧頭，所以斬字部首從"斤"而非"刀"，這是因為上古時期，刀是用青銅製成，而青銅較軟，不夠鋒利，只有做成斧，才能輕易讓人斃命，鐵器普及後，刀才漸漸取代斧，成為斬刑的刑具。但刀雖然鋒利，卻也容易磨損，行刑時還是需要技巧，因此職業劊子手也就應運而生。這種行刑人能將殺人技巧演練得爐火純青。瞄準犯人頸部的脊椎骨空隙，一刀下去，犯人就能登時斃命。

較之斬首，腰斬更為殘忍，《漢書·張蒼傳》對此刑執行場面有過描述："蒼坐法當斬，解衣伏質，身長大，肥白如瓠……"罪人被剝去衣服，趴伏在質（類似於現今菜場砍肉的大木砧）上，然後用斧鉞將罪人從腰部斬殺，使人一分為二，因此此刑也被稱為一刀兩斷。腰斬之後，罪人並非馬上斃命，受刑之後知覺尚存，必然要經過一番痛苦的抽搐掙扎才能氣絕。明成祖殺方孝孺時用的就是腰斬，據說方孝孺被一刀兩斷之後，仍能以肘撐地爬行，以手沾血連書十二個"篡"字。清朝雍正年間，福建學政俞鴻圖，因其妾收賄，勾結僕人在考場作弊，俞鴻圖後被腰斬，俞鴻圖被斬為兩段後，在地亂滾，以手蘸血，一連在地上寫了七個"慘"字方才斷氣。雍正聽聞此事，才下令廢除了腰斬之刑。

　　秦朝開國元勛李斯就曾為趙高陷害，腰斬於咸陽，並夷三族。臨刑之時他對兒子說："我想和你牽着黃狗，駕着蒼鷹，出上蔡東門去打野兔子，可惜再也不能夠啦。"言罷父子抱頭痛哭，雙雙被害。李白《行路難》曾提及此事，無限感喟，詩曰："陸機雄才豈自保，李斯稅駕苦不早。華亭鶴唳詎可聞，上蔡蒼鷹何足道。"如果李斯能早點功成身退，又何至遭此厄運。

　　南北朝時，腰斬漸被廢止，唐以後的法律皆無腰斬規定，雖然後代史書不乏腰斬處死的記載，即使在盛世唐朝，也不乏此刑之適用。如《資治通鑒》記載：貞觀二十二年（648），"太宗怒，腰斬辯機，殺奴婢十餘人"。辯機因與高陽公主私通，唐太宗下令腰斬辯機。又如唐文宗大和九年（835）宰相王涯被卷入"甘露之變"慘遭滅族腰斬，"及涯家被收，沐適在其第，與涯俱腰斬"，其遠房表弟王沐更是倒霉，因窮困潦倒從家鄉騎着毛驢輾轉兩年多才見到王涯，本想謀個差事，不料正趕上抄家捉人，和王涯及族人一起被腰斬。北宋年間，腰斬仍然存於世間，如歷史上赫赫有名的包青天，那三把鍘刀，就是腰斬的行刑工具。當然，此時之腰斬多屬法外酷刑，而非常法也。

3. 梟首

梟首即將人頭懸在木杆上示眾的刑罰。梟首其名源自“梟”這種鳥的死亡方式。《說文解字》說梟是一種不孝之鳥，母梟為幼梟覓食，但待母梟精疲力竭無法喂養幼梟時，幼梟便一起啄食母梟，母梟無力躲避，只能用嘴咬住樹枝，任幼梟啄食。母梟之肉被啄食乾淨之後，樹枝上也就只剩母梟之首。

梟首之刑最早出現在商末，《史記‧殷本紀》記載：武王滅商，“斬紂頭，懸之白旗”。但武王此舉，更多的是對商紂的羞辱，而非一種正式的刑罰。真正將梟首作為正刑是在秦朝。《秦會要補訂》有：“懸首於木上杆頭，以示大罪，秦制也。”秦朝時梟首被普遍適用，《史記‧秦始皇本紀》記載：“始皇初，嫪毒作亂，敗。其徒二十人皆梟首。車裂以徇，滅其宗。”漢承秦制，對謀反、大逆、不孝、巫蠱者皆用梟首之刑，如漢高祖“梟故塞王欣頭於櫟陽市”。漢武帝“捕為巫蠱者，皆梟首”。

梟首一般是針對謀反等重罪而言的，其刑較斬首為重。晉時張斐《律序》說，“梟首者惡之長，斬刑者罪之大，棄市者罪之下”，一般的殺人行為最多只能判斬首，判處梟首則屬輕罪重判。《漢書‧原涉傳》載：原涉為家修墓，過於豪奢，違反規定，於是茂陵令尹公派主簿將其家墓搗毀，原涉非常生氣，於是派人將主簿殺死。原涉後投案自首，本想換個寬大處理，不料被梟首示眾。後人評及此事，認為處死原涉並無不當，但判梟首之刑過重，誠屬違法之判決。南北朝時，梁律大罪為梟首；陳朝亦用梁法；北魏、北周也有梟首刑。隋朝除之。後世偶有行之，但都為非常之發，然而到明、清之時，梟首在法典中又再次出現，直到清末才被廢止。

梟首之刑，斬頭於市，令頭上不及天，下不及地，這在相信靈魂不滅的古人看來，其刑罰較之斬首，更為可怕。另外，把人頭懸於城門，也是對他人的一種強大威儷。清雍正年間，因為年羹堯案，其秘書汪景祺也被牽連，汪景祺曾著《西征隨筆》，在"歷代年號論"中談到明英宗年號"正統"，卻有土木堡被俘之狼狽，明武宗年號"正德"，卻以玩世不恭、不理朝政而聲名狼藉，元順帝年號"至正"，卻被朱元璋推翻。這自然讓多疑成性的雍正皇帝想到了自己的年號，於是在汪氏手稿上親筆朱批："悖謬狂亂，至於此極！"汪景祺被斬首梟示，人頭被懸掛在北京菜市口的鬧市區，這一掛就是近十年。直到乾隆即位後，才有大臣上奏說菜市口本是商賈雲集之處，長年累月掛着個骷髏，實在有礙觀瞻，也妨礙大家經商，骷髏頭才被取下。

4. 棄市

《禮記·王制》曰"刑人於市，興眾棄之"。棄市就是在街市等人數集中的地方將人處死。據孔穎達考證，棄市最早是殷商之法。但它真正載入法律當是秦朝，秦朝有"偶語《詩》《書》者棄市""同母異父相與奸，何論？棄市""士伍甲無子，其弟子以為後，與同居，擅殺之，當棄市"等大量細密周詳的法令。棄市的根本目的在於威儷民眾，以儆效尤。至於具體的死刑執行方法可能多種多樣，如秦二世時期，"公子十二人戮死於咸陽市"、李斯"腰斬於咸陽市"。據沈家本考證，漢代棄市乃斬首之刑，而魏晉以下，棄市為絞刑。南朝宋、齊、梁、陳、北朝魏並有棄市之名，皆謂絞刑。北周及隋唐之後，法律雖無棄市之名，但絞、斬等法在鬧市行刑並將犯人暴屍街頭的棄市行為卻非常普遍。如《資治通鑒》記載，唐朝酷吏來俊臣"棄市。時人無不痛昭德而快俊臣。仇家爭噉俊臣之肉，斯須而盡，抉眼、剝面、披腹、出心、騰蹋成泥"。明清兩朝，棄市亦不絕於世，當時最著名的棄市場所是菜市口，明朝忠臣楊繼盛、袁崇煥，清代戊戌六君子譚嗣同，清末權臣肅順等人均在此處"棄市"。

清代許承堯曾有《過菜市口》一詩："薄暮過西市，踽踽涕淚歸。市人竟言笑，誰知我心悲！此地復何地？頭顱古累累。碧血沁入土，腥氣生伊戚。愁雲泣不散，六嚴聞霜飛。疑有萬怨魂，逐影爭嘯啼。左側橫短垣，茅茨複離離。此為陳屍所，剝落牆無皮。右側豎長竿，其下紅淋漓。微聞決囚日，兩役舁囚馳。高台夾衢道，刑官坐巍巍，囚至匍匐伏，瞑目左右欹。不能辨顏輔，亂髮參霉泥。砍刀厚以寸，鋒鈍斷腕遲。一役指囚頸，一役持刀鋒。中肩或中顱，刃下難遽知。當囚受刃時，痛極無聲噫。其旁有親屬，或是父母妻，泣血不能代，大踴摧心脾。"棄市之殘忍，又豈是此詩能夠道盡。

5. 戮刑

戮刑是一種既剝奪犯罪人生命又對其加以侮辱的刑罰。古時戮刑可以分為兩種，生戮和死戮。生戮是先戮後殺，死戮是先殺後戮。對於相信"身體髮膚，受之父母"的古人而言，戮刑被人們視為奇恥大辱。早在夏朝時期，就有"弗用命戮於社"的生戮之刑。秦代此刑更是普遍，《睡虎地秦墓竹簡‧法律答問》有："戮者何如？生戮，戮之己乃斬之之謂也。"《史記‧秦始皇本紀》載，秦二世上台就將其兄弟全都殺死，其中"六公子戮死於杜"，這些都是先戮後斬的生戮。及至唐代，亦不乏生戮之記載。《舊唐書‧酷吏傳》載：武則天長壽二年（694），唐侍御史"（萬）國俊至廣州，遍召流人，置於別所，矯制賜自盡，並號哭稱冤不服。國俊乃引出，擁之水曲，以次加戮，三百餘人，一時並命"。這三百餘人就是被先戮後殺，為生戮也。

與生戮相比，死戮更為常見，其中最普遍的就是戮屍之刑了。戮屍出現於春秋時期，相傳管仲相齊時，齊國百姓好厚葬，桓公非常擔心，認為長此以往，"布帛盡則無以為幣，林木盡則無以為守備"，希望管仲想一個辦法制止百姓厚葬廢財，管仲於是下令"棺過度者戮其屍"，堵塞百姓逐名利之心。這當是最早的戮屍記載。伍子胥掘楚平王之墓，鞭屍三百，更是為人熟知。

秦朝戮屍之刑亦不少見，《史記‧秦始皇本紀》載："八年（前 239）王弟長安君成蟜將軍擊趙，反，死屯留，軍吏皆斬死。遷其民於臨洮。將軍壁死，卒屯留、蒲鶮反，戮其屍。"東漢末期，農民起義領袖張角死後也被剖棺戮屍。

魏晉南北朝時，戮屍之舉也不絕於史，及至盛世唐朝，史書也不乏剖棺戮屍之記載，就連忠心耿耿的諫臣魏徵，死後也難逃李世民的掘墓鞭屍之怒。

到了明朝，戮屍甚至成為法律明定的刑罰之一，《明律》規定：謀殺祖父母、父母、殺一家三人等罪都要"剉碎屍體"。

至於清朝，在文字獄方面，更是將戮屍之舉推向了一個前所未有的高度，造就了人類思想史上最黑暗的一幕。

康熙初年，因明史案，牽連數百人，主犯莊廷鑨被掘墓開棺焚骨。康熙末年因《南山集》，涉及戴、方兩大名門望族，案主之一的方孝標遭戮屍，另一案主戴名世被處極刑，牽連甚重，凡兩家親屬朋友，或被殺戮，或遭戍為奴，其中不少都是知名學者文士，如方苞都被牽連入獄。雍正年間，查嗣庭（金庸先祖）在做江西考官時出了一道"維民所止"。被人密告雍正，說試題有影射陛下斷頭之意。"維"是去了頭的"雍"字，"止"是去了頭的"正"字。"維止"也即去頭之"雍正"。雍正大怒，立即將查嗣庭下獄問罪。可憐查嗣庭不明就裏，反而辯解說，該試題出自《詩經·商頌·玄鳥》："邦畿千里，維民所止。"本意為國都附近的千里土地，實是百姓安居樂業的場所，實為雍正歌功頌德，何來反逆之意。事後雍正差人找來《詩經》，見果有"維民所止"一語，但為顧全自己顏面，還是強詞奪理，硬說查嗣庭"犯上悖逆"，查嗣庭無辜遭禍，含冤死於獄中，死後被戮屍梟示，家人或死或流。隨後又發生了曾靜案，曾靜利用明末清初的思想家呂留良的著作中某些觀點從事謀反活動，雍正大怒，把死去幾十年的呂留良開棺戮屍示眾，呂留良後人、學生甚至為他刻書藏書者連同家屬均被牽連處死。

6. 磔（音 zhé；粵 zaak6）

磔刑是一種分裂肢體後懸首張屍示眾的酷刑。《周禮·秋官·掌戮》："掌斬殺賊諜而搏之"，"殺王之親者，辜之"，鄭玄注釋說："搏"和"辜"都是磔。"搏"是去衣磔之，"辜"通"枯"也，意思是分裂軀體。今人見之豬被屠宰後在市場懸掛銷售之狀，大致貌似於古之磔刑。秦時磔又稱矺死，《史記・李斯傳》載："十公主矺死於杜。"《史記索引》說："矺音宅，與磔同，古今字異耳，磔謂其裂其屍體而殺之。"漢初死刑中也有磔。但到景帝中元二年（前148），並磔於棄市，凡非妖逆不得用磔。磔刑為棄市取代，不再張屍懸首。但法雖除而習慣未盡除，此後磔屍現象雖仍存在，但多是法外之刑，非正刑也。

後人多有將磔刑與車裂、凌遲混淆，但三者只是碎人屍體相似，它們在執行方式上相去甚遠，另外後兩刑也並無"剖其胸腹而張之，令其乾枯不收"之意，當然，車裂、凌遲的靈感可能也起源於磔刑，因為它們的殘忍性實在比磔刑更甚。

7. 車裂

車裂俗稱五馬分屍，就是把人的頭和四肢分別綁在五輛車上，套上馬匹或牛車，分別向五個不同的方向拉扯，直到把罪人身體撕成五塊。車裂古時稱為轘或車轘。《周禮・秋官・條狼氏》說："凡誓，執鞭以趨於前，且命之。誓僕右曰殺，誓馭曰車轘。""車轘，謂車裂也。"春秋戰國時期，史書中有大量關於車裂之刑的記載，其中最著名的莫過於商鞅了。商鞅因變法得罪太多權貴，又不願退隱山林，功成身退，結果秦孝公一死，商鞅就被秦惠王車裂處死。此事在《史記・商君列傳》《戰國策・秦策》《韓非子・和氏》等史籍中多有記述。

車裂既包括生裂，也包括死裂，前者是把活人當場"五馬分屍"，而後者則是在人死之後再行車裂。與生裂相比，死裂主要是對罪人的侮辱，同時以儆效尤。吳起、蘇秦、嫪毐、趙高等人都在死後受過此刑。這其中，最另類的當屬戰國著名說客、身佩六國相印的蘇秦，他受車裂是其主動要求的。《史記‧蘇秦列傳》載：蘇秦相齊時，齊王身邊有很多與蘇秦爭寵的人，非常嫉妒蘇秦，於是有人就派刺客趁蘇秦不備將其刺成重傷。齊王派人緝拿凶犯，但無功而返，蘇秦於是向齊王請求在他死後向天下宣佈蘇秦是燕國的奸細，然後把屍體車裂示眾，這樣刺客一定會跳出來討賞，這樣就可以將他們一網打盡了。齊王依計，將蘇秦車裂於市，刺客和主謀果然相繼邀功，被齊王誅殺。蘇秦的才智和謀術可見一斑。

秦朝之後，車裂並不多見，但是史書上也不乏記載，這主要針對的是謀反、忤逆不孝等重罪使用。《吳書‧孫奮傳》載：三國時吳國末年，民間謠傳，吳王孫皓將死，死後孫奮與上虞侯兩人中當有一人承繼帝位。豫章（今江西南昌）太守張俊懷疑傳言事出有因，正好孫奮母親的墓塚在豫章，於是主動給孫奮的母親掃墓。孫皓聽聞，非常生氣，命令逮捕張俊，將他車裂處死，並滅其三族。十六國時，一些嚴重違反倫理道德的行為也可被車裂處死。崔鴻《前涼錄》記載：前涼姑臧（今甘肅武威）有個叫白興的人以女為妻，以妻為婢女。涼王張駿認為此等惡行令人髮指，遂下令將白興車裂於市。前秦苻堅年間，有人偷竊了母親的錢財而逃走，後被抓獲，本來被判流放，但苻堅的母親認為不孝是最惡之罪，於是該犯被車裂處死。南北朝時期，車裂甚至進入法典，如北齊，死刑分為四等，最重為車裂，北周死刑分五等，最重也為車裂。

由於車裂過於殘酷，因此它屢遭時人詬病。周赧王時，齊王曾定車裂之刑，群臣紛紛進諫勸阻，但齊王不聽。後來子高（孔子的後人）對齊王說：“車裂之刑，無道之刑也，君欲行之，這都是您下屬臣僚的過錯啊！"齊王倒是直言不諱地承認這是自己的決定，並說明行車裂的理由是因為刑罰太輕，無法遏止嚴重的犯罪，因此必須嚴打，加重刑罰。但子高還是一口咬定是齊王臣僚罪過，認為當前天下紛爭，有志之士都願投奔有德之君主，所謂"天下悠悠，士無定處，有德則住，無德則去"。如果濫用酷刑，就會失去聲望，"國內之民將叛，四方之士不至，此乃亡國之道"。對於這種關係國之生死存亡的大事，齊王臣僚卻因為害怕擔責任而不敢堅持正確的意見，怕有"龍逢、比干之禍"，這實在是為了保全自身而不惜使君上同於桀、紂那樣的暴虐之君。子高巧妙的勸說方式讓齊王自覺理虧，又有台階可下，於是很快齊王就取消了車裂之刑。

但是遺憾的是，車裂之刑並未在歷史上真正廢止，它總是廢了又復，復了又廢。開皇元年（581），隋高祖楊堅更定新律，廢除鞭扑、梟首、轘裂之法。詔曰："帝王作法，沿革不用，所取適於時，故有損益。夫絞以致斃，斬則殊刑，除惡之體，於斯已極。梟首轘身，義無所取，不益懲肅之理……並令除去。"不幸的是，楊堅死後，隋煬帝楊廣又將車裂恢復，當時楊玄感謀反，兵敗被擒，參與謀反的罪重之人或被車裂，或被梟首，或被磔斷軀體並亂箭射死，楊廣甚至命令文武百官從死者身上割下肉來食之，手段殘忍，令人髮指。當然，楊廣此舉只是歷史的一個小小反覆，楊堅廢除車裂等酷刑畢竟代表了時代發展的趨勢，隋覆滅後，唐後罕有車裂記載。

8. 醢（音 hǎi；粵 hoi2）

醢刑是一種把人剁成肉醬的酷刑。此刑當屬商紂首創，《殷本紀》記載："九侯有好女，入之紂。九侯女不喜淫，紂怒，殺之，而醢九侯。鄂侯爭之疆，辨之疾，並脯鄂侯。"僅僅因為九侯之女無法滿足商紂的獸慾，就被殺死，其父被剁成肉醬，說了幾句公道話的鄂侯也慘遭不幸，商紂的暴虐注定了殷商的覆滅，這也就是《離騷》所說的："后辛之菹醢兮，殷宗用而不長。"

與醢刑相似的是脯刑，這是將人剁成肉醬後再做熟分給他人食用，"肉醬為醢，肉熟為脯"，較之醢刑，脯刑更為殘忍，上述鄂侯就是此刑的罹難者。

春秋戰國時期，醢刑並不鮮見，孔子的得意門徒子路就曾受此刑。《禮記·檀弓》載：子路在衛國內亂中被殺，孔子非常傷心，在中堂痛哭流涕，當聽到子路竟然是被醢而死，孔子更是悲痛欲絕，為了避免觸景生情，他把自己家裏的肉醬也給倒掉了。在《左傳》中也有大量關於醢刑的記載，如莊公十二年（前682），宋人南宮萬和猛獲弒君，相繼逃亡，猛獲逃到衛國，被衛國遣返，南宮萬逃到陳國，衛人向陳國行賄，要緝拿凶犯。於是陳人派美女陪南宮萬飲酒作樂，待其酩酊大醉之後，用犀牛皮包裹起來交給宋人，兩人都被處以醢刑。

漢朝之初對於謀反等嚴重犯罪常常使用醢刑。《漢書·刑法志》記載：（漢初）令曰："當夷三族者，皆先黥、劓、斬左右趾，笞殺之，梟其首，菹其骨肉於市。"菹就是醢刑，按照漢初規定，謀反被判族誅必定要附加醢刑。開誅殺功臣風氣之先的劉邦就曾以謀反之名誅彭越，處醢刑，還將彭越之醢遍賜諸侯。如此對待功臣，實在讓後人心寒，武帝時投降匈奴的李陵在《答蘇武書》中，仍提及彭越之冤，他不無激憤地指出："足下又云：'漢與功臣不薄。'子為漢臣，安得不云爾乎！昔蕭、樊囚縶，韓、彭菹醢，晁錯受戮，周、魏見辜；其餘佐命立功之士，賈誼、亞夫之徒，皆信命世之才，抱將相之具，而受小人之讒，並受禍敗之辱，卒使懷才受謗，能不得展，彼二子之遏舉，誰不為之痛心哉！陵先將軍，攻略蓋天地，義勇冠三軍，徒失貴臣之意，到身絕域之表。此功臣義士所以負戟而長歎者也！何謂‘不薄’哉？”在極端專制的年代，卸磨殺驢簡直太過平常。劉邦死後，漢惠帝除醢刑，但醢刑之名卻已深入人心，以至於漢景帝時吳王劉濞以“誅晁錯，清君側”為名，率諸王造反，自稱“敢請菹醢之罪”。可見，醢刑已經在時人心中打下深深的烙印。晉承漢律，醢刑未見律載，只是對謀反大逆之犯偶有使用，屬權宜之法，《晉書‧刑法志》曰：“至於謀反大逆，臨時捕之，或汙潴，或梟菹，夷其三族，不在律令。”較之兩漢，晉朝還是有進步的。

晉以後，史書中罕有醢刑記載，但歷史卻偶有反覆，北宋又復行醢刑，而且比以往更為慘烈。先前諸代醢刑僅限於謀反大逆等重罪，但宋朝居然以此鎮壓盜賊，宋真宗時冀州知府張密學獲一“巨盜”，“設架釘於其門，凡三日醢之”。由於醢刑極為殘忍，故一般只限於殺一儆百，每次醢刑之人不過一二人而已，但宋仁宗慶曆四年（1044），環州歐希範造反被抓，其同黨十數人“剖其腹，繪五臟圖，仍醢之以賜諸溪洞”，此種醢刑估計商紂也自歎弗如。

9. 炮烙

炮烙，也稱炮格，是在銅格上塗上油，在其下生火，令罪人行走其上，人爛墜火而死。相傳，此刑為夏桀所創。據《玉函山房輯佚書‧符子》記載：桀觀炮烙於瑤台，問大臣關龍逢說：“樂乎？"龍逢回答說快樂。桀於是開始引蛇出洞："觀刑曰樂，何無惻怛之心焉？"龍逢回答道："天下苦之，而君為樂，臣為君股肱，孰有心悅而股肱不悅乎。"桀繼續誘敵深入："聽子諫。諫得，我改之；諫不得，我刑之。"可憐龍逢硬要說真話，回答道："君王的帽子是搖晃欲墜的危石，君王的鞋履是薄脆欲裂的春冰。頭頂危石而不被壓死，腳踩春冰而不塌陷，那是不可能的。"桀冷笑道："我與太陽共存亡。你認為我要死亡，卻不知自己死期不遠了，現在就讓你看看炮烙的厲害。"龍逢從容不迫，唱着歌："造化勞我以生，息我以炮烙。去故涉新，我樂而人不知。"縱身乃赴火而死。龍逢大概是中國第一位因說真話而被處死的人。

由於關龍逢死於炮烙的說法僅見於《符子》，《史記·夏本紀》和《竹書紀年》都未提此事，因此後人多認為，炮烙之刑可能始於商紂，而非夏桀。大概夏桀、商紂同屬荒淫無道亡國之君，所以後人往往將兩人混同，將商紂的賬算到夏桀身上了，沈家本也持此說。

紂王發明炮烙是為討妲己歡心，據《史記·殷本紀·索引》說，炮烙的靈感是紂王因為看見螞蟻爬入燒熱的銅斗上被烙傷，不能繼續爬行，只是在那裏翻滾、掙扎而死，覺得有趣，於是"為炮格，炊炭其下，使罪人步其上。"正是沒有任何約束的權力讓紂王的"靈感"成為現實，這又為"權力導致腐敗，絕對權力導致絕對腐敗"添加了一個新的注腳。由於炮烙實在恐怖至極，令人髮指，許多諸侯皆有異議，但多怕紂王加害，不敢直言。周文王滅商之前，曾被紂王囚禁，想必親見炮烙之慘烈，所以出獄之後將洛水西邊的一塊土地獻給紂王，請除炮烙之刑，商紂居然同意了。估計當時文王已有反意，此舉多是為收買人心。無論商紂是否廢炮烙之刑，文王的舉措都大得人心。後人評及此事，認為："紂因天下怨畔而重刑辟，肆其暴虐，而終於滅亡。文王獻地，請去炮烙之刑，而周室以興。一興一亡，肇於仁暴，後之議刑者，當知此意。"

由於炮烙之刑實是駭人聽聞，又與亡國之君商紂相關，因此後世諸朝罕有此刑記載。只是在少數民族的遼國的法律中載有炮烙。遼穆宗耶律璟也是歷史上有名的暴君之一。《遼史·刑法志》說："穆宗嗜酒好獵，不恤政事，五坊、掌獸、近侍、奉膳、掌酒人等，輒加炮烙或鐵梳之刑。"所謂鐵梳，即鐵齒梳子，用來梳罪人的身體，把肉一條條地刷下來。鐵梳和炮烙並用，更是慘烈無比。炮烙之後，身上的皮肉都被烙熟了，再用鐵梳，很容易把肉刷掉，只剩下白骨，罪人必死無疑。當時，有人因為丟失一只鵝沒有找到，就被處以炮烙和鐵梳之刑而死。穆宗的殘忍凶暴較之商紂，有過之而無不及。

據後人考證，遼代的炮烙其實更多是一種肉刑，用刑時"人不必遽死，與殷紂之炮格迥不同也"。它與商紂的炮烙本有明顯不同，只是對犯人肉體的摧殘折磨，一般不至於斃命，但遼穆宗卻將此種炮烙與鐵梳合用，也算是推陳出新，登峰造極吧。其實，遼代的炮烙更近似於後世酷吏的考訊之法，而非刑罰。早在東漢時期，就有獄官從炮烙之刑中得到靈感，用來訊問人犯，如會稽人戴就就曾身受此刑。據史書記載，戴就被關在錢塘縣獄時，"幽囚考掠，五毒備至。就慷慨直辭，色不變容。又燒鈑斧，使就夾於肘腋。就語獄卒，可熟燒斧，勿令冷。每上彭考即打，因止飯食不肯下，肉焦毀墮地者，掇而食之……"戴就被燒斧烤炙，居然還從容自如，掇食毀肉，實在令人歎為觀止。唐朝酷吏周興更是首創請君入甕之刑，不過是搬石頭砸自己的腳，好在周興及時悔罪，否則差點就做了第一個實驗品。

真正將周興的"創舉"付諸實踐的是明宣宗朱瞻基。明成祖朱棣死後，將皇位傳於長子朱高熾（明仁宗），其弟漢王朱高煦一直耿耿於懷，朱高熾當了一年皇帝就龍馭歸天，其子朱瞻基即位。朱高煦於是效仿乃父朱棣發動二次"靖難"，造反起事反侄。宣宗御駕親征，朱高煦兵敗。起初，宣宗對叔叔造反一事，表現了超乎想象的忍耐，朱瞻基並未將叔叔處死，只是把他廢為庶人，禁錮於紫禁城西內，築室居之，曰"逍遙城"。無奈朱高煦過於魯莽，自尋死路，一次，宣宗前往探視，朱高煦為示憤懣，用腳將宣宗絆倒在地。宣宗大怒，"下令用銅缸覆之，缸重三百斤，高煦頂負之，輒動，乃命積炭於其上燃之。逾時，火熾銅熔，高煦死。諸子皆伏誅。"清初尤侗作《明史樂府》詩，詩云"可憐高煦亦英雄，頃刻燒死銅缸中"，即指此事。朱高煦效仿乃父，造反反侄，可惜畫虎不成反類犬！這不知是不是上天對朱棣殘暴的懲罰。

10. 焚刑

"焚，燒也"，這是一種可與炮烙相"媲美"的酷刑。它包括兩種情況，一是將人活活燒死；二是將人先處死而後再焚屍揚灰。周朝就有焚刑記載，《周禮·秋官·掌戮》曰："凡殺其親者，焚之。"殺害親人，處焚刑，這裏的親屬關係當在五服之內。焚刑多是生焚，但也不乏死焚，《左傳》載：衛侯掘褚師定子之墓，焚之於平莊之上。燕騎劫圍齊即墨，掘人家墓，燒死人，齊人望見涕泣，怒自十倍，由於古代火葬並未行於中國，焚屍在古人看來是對屍體的極大侮辱，如列子所言：“楚之南有炎人之國，其親戚死，刳其肉而棄之，然後埋其骨；秦之西方有儀渠之國，其親戚死，聚柴積而焚之，熏則煙上，謂之登遐，然後成為孝子。此上以為政，下以為俗，而未足為異也。”故“列子以儀渠為異，至與朽肉者同言之”。當然，衛侯與燕人焚屍的舉措只是對死者的報復和侮辱，而並非刑罰。作為刑罰的死焚應是先斬殺罪人，然後再焚毀屍體。比如《晉書・李特載記》說的“斬特及李輔、李遠，皆焚其屍，傳首洛陽”，《隋書・煬帝紀》中的“大業九年十二月，車裂玄感弟朝請大夫積善及黨與十餘人，仍焚而揚之”，都應該是死焚的範例。

據說，最早給焚刑定名之人是王莽，《漢書・匈奴傳》說：王莽執政時，遣王昭君哥哥的兒子王歙、王颯出使匈奴，祝賀新單于即位，獻上黃金衣被繒帛等貴重禮品，請求將叛逃到匈奴去的陳良等“引渡”回國。單于後將陳良等四十人交還漢朝，王莽於是作“焚如之刑”，將陳良等人燒死。“焚如”來源於《易經》中的“焚如、死如、棄如”之語，據後人解釋：“焚如，殺其親之刑；死如，殺人之刑；棄如，流宥之刑。”所以後世又稱焚刑為焚如。曹魏時歷史學家如淳認為：“焚如、死如、棄如者，謂不孝子也。不畜於父母，不容於朋友，故燒殺棄之，莽依此作刑名也。”多數學者也都認同此種觀點，認為焚刑之名，實為王莽借易經之語首創。王莽之後，生焚並不多見，雖北齊後主高緯、金海陵王曾有使用，但皆是非常之刑，多屬君主率性所為。

11. 烹刑

烹刑，顧名思義，是將人煮死煮爛的酷刑。它在中國歷史上，亦是源遠流長。據載，周文王長子伯邑考在商都作人質，為紂王車夫。紂王將其烹為羹，賜給文王，說：“聖人當不食其子羹。”文王不知是人肉羹，食之。紂王得意地對別人說：“誰謂西伯（文王）聖者？食其子羹尚不知也。”商紂此舉，可能是古代烹刑的最早記載。

春秋時，烹刑非常普遍，各種史籍多有記載。如《史記·齊太公世家》載：紀侯在周室進讒言，齊哀公被周夷王烹死。《呂氏春秋·上德編》載：晉公子重耳逃亡鄭國時，鄭大臣被瞻勸鄭文公殺重耳，文公不聽。後來重耳歸國即位（史稱晉文公），重耳興師攻鄭，指名要取被瞻，以報昔日之仇。被瞻對鄭文公說：“不若以臣與之。”鄭文公不同意。被瞻說：“殺臣以免國，臣願之。”於是，鄭文公派人把被瞻送至晉軍。晉文公命令將被瞻烹死，被瞻按着鼎的銅耳，大聲叫道：“三軍之士，皆聽瞻也：自今以來，無有忠於其君。忠於其君者，將烹。”晉文公聽聞此語，為被瞻忠誠所感動，於是向被瞻道歉，撤軍，把被瞻送回鄭國。

被瞻因忠誠免烹，但齊人文摯卻因忠誠被烹。《呂氏春秋·至忠》載：齊王病，派人到宋國請文摯。文摯至，對太子說：“大王的病是能夠治好的，但是治好之後，他肯定會殺我啊。”太子大惑不解，問：“何故？”文摯對曰：“必須讓大王發怒，否則，疾不可治也。王怒，則摯必死。”太子向他叩首求告說：“只要您能治好父王的病，我和母后一定要在父王面前以死為您爭辯，父王一定會看我們的面子上，赦您無罪，請您不要擔心。”文摯於是答應治療，接着，文摯讓人稟報齊王，約定治療時間。結果到了約定的時間文摯卻故意不去，而且一連約了三次，皆爽約不至，齊王非常生氣。不久後，文摯不期而來，他也不脫鞋子就直接上到了齊王床上，還踩着齊王的衣服，問他病情如何。齊王不理睬他，文摯又故意說氣話讓齊王氣上加氣，齊王怒不可遏，起身大叱文摯，結果病就好了。由於文摯的無禮，齊王決定把他活活烹死。雖太子和王后竭力求情，但齊王仍然堅持非烹文摯不可。據說行刑時，武士把文摯的手腳捆住，臉朝上放到大鑊中，加柴點火，"爨之三日三夜"，文摯卻顏色不變，絲毫未損。齊王非常驚異，親自到鑊邊觀看。文摯說："如果一定要殺我，為什麼不把我臉朝下？那樣就斷絕了陰陽之氣，才能使我絕命。"齊王遂令人將文摯的身體翻過來，這才把他烹死。

被瞻與文摯，同是忠義之士，而命運卻大不相同，後人感及此事，認為："夫忠於治世易，忠於濁世難。文摯非不知活王之疾而身獲死也，為太子行難以成其義也。"其實，在漫長的專制社會中，又有幾人因為忠義而有好下場呢？這可能就是伴君如伴虎的來由吧。

戰國時，烹人的例子更是不勝枚舉。如中山之君烹樂羊之子而遺之羹。商鞅變法時甚至把烹刑作為一種法定常刑，即"鑊烹之刑"，"鼎大而無足曰鑊，以亯人也。"秦法之慘，此其一端也，唐人高適曾有詩歎曰："秦王轉無道，諫者鼎鑊親。"

秦漢之間，烹刑的適用就更常見了，這可能是烹刑廢止前的最後瘋狂。楚漢相爭時，劉邦、項羽等交戰各方都偏愛烹刑。劉邦的父親劉太公差點都成了項羽的鍋中之鬼，好在項伯竭力勸阻，劉太公才免成人肉羹湯。但此事卻暴露出劉邦此人的冷酷，父親就要被投鼎鑊，卻仍不為所動，還對項羽說，“當初我倆擁立楚懷王，以兄弟相稱，因此我的父親也就是你的父親。今天你如果一定要烹你的父親，就請分一杯肉羹給我吧！”

劉邦的惡毒更體現在酈生事件中，而酈生也是烹刑歷史上又一個受害者。當時劉邦採取和平與戰爭兩手，先派酈生勸降齊王，後派韓信大兵壓境。而酈生對後者渾不知情，向齊王田廣保證：“天下後服者先亡矣。王疾先下漢王，齊國社稷可得而保也；不下漢王，危亡可立而待也。”憑其三寸不爛之舌，成功說服田廣率七十二城歸漢朝。田廣當時被酈生說得口服心服，與酈生縱酒行歡，以資慶祝，不料此時韓信兵臨城下。齊王田廣聞漢兵至，以為酈生出賣自己，乃曰：“汝能止漢軍，我活汝；不然，我將烹汝。”可惜酈生臨死前還為劉邦辯駁，曰：“舉大事不細謹，盛德不辭讓。而公不為若更言。”齊王遂烹酈生。酈生無非是中國歷史上無數向權力獻媚，旋又被權力拋棄的孤魂野鬼。

漢代及其以後，烹刑雖不再是法定常刑，但烹人之事仍史不絕書。東漢末年，董卓作亂，李旻、張安被抓，後被生烹。二人臨鼎前，相謂曰：“不同日生乃同日烹。”平常之語，想想亦是不勝傷感。五代十國時，後唐明宗年間，董彰謀反，姚洪奉命戍守閬州，不幸被董彰所拘，董彰勸他投降，姚洪不從，還大罵董彰：“老賊！爾昔為李七郎奴，掃馬糞，得一臠殘炙，感恩不已。今天子用爾為節度使，何苦反邪？吾能為國家死，不能從人奴以生。”董彰怒不可遏，叫十名壯士割姚洪的肉放在鍋裏煮而食之，姚洪至死大罵。這是將人一邊凌遲一邊烹，還讓他看着自己的肉被人吃掉，較之一般烹刑，此法更為慘毒。由於烹刑如此殘酷，一直為人所詬病，南燕主慕容超曾下詔提議恢復秦時烹轘之法，但遭到多數大臣堅決反對，最後沒有實行，由此也可見烹刑不得人心，不復入法典，但後世此刑在非常之時，卻不乏使用的例子，顯示封建帝王權力信馬由繮，並不受法典約束。

12. 笞（杖）殺

笞、杖本是輕刑，在封建五刑體系中處最輕之等，與大辟之刑有生死之懸殊。但在中國古代，笞、杖也常常作為一種死刑的執行方式。在笞、杖未分離之前，笞杖將人打死一般被稱為笞殺，笞、杖分離之後，將人杖斃多稱杖殺。

唐朝以前，笞殺多是法外酷刑，並非法定常刑。《楚漢春秋》載：劉邦彭城兵敗，項羽手下大將丁固將劉邦圍住，劉邦披頭散髮地說："丁公何相逼之甚？"丁固遂放劉邦一馬，後劉邦即位後，丁固前來請功，結果劉邦卻讓人將其笞殺，理由是"使項氏失天下是子也，為人臣，用兩心，非忠也"。隋文帝楊堅更是非常偏好此刑，不時以笞杖荼毒大臣。《隋志》載：帝性格猜忌，經常於廷殿打人，一次，楚州行參軍李君才批評文帝寵高潁過甚，文帝大怒，以馬鞭笞殺之。《隋志》又說：文帝經常發怒，在六月也常棒殺大臣。大理少卿趙綽勸諫說："季夏之月，天地生長庶類，不可以此時誅殺。"文帝卻反駁說："六月雖曰生長，此時必有雷霆。天道既於炎陽之時，震其威怒，我則天而行，有何不可？"仍將大臣棒殺。

真正將杖殺變成法定常刑的是在唐朝。唐德宗建中三年（782），刑部侍郎班宏奏："其十惡中謀反、大逆、叛、惡逆四等，請准律用刑；其餘犯別罪合處斬者，今後並請重杖一頓處死，以代極法。重杖既是死刑，諸司使不在奏請決重杖限。"德宗准奏，從此一頓重杖處死代替大部份死罪的絞、斬，杖殺從法外酷刑變為正刑。《唐志》認為德宗此法乃仁慈之舉，說他"性猜忌少恩，然用刑無大濫"。但其實並非如此，"斬、絞而死與重杖而死，均死也，不足以言仁。且斬、絞而死，其死也速，重杖而死亡，其死也遲，其所受之苦楚，轉有甚於斬、絞者，未足為良法也"。杖殺在唐朝運用得最為普遍。《舊唐書·刑法志》記載唐肅宗時期一次就將"達奚摯、張㟽、李有孚、劉子英、冉大華二十一人，於京兆府門決重杖死"。又如《舊唐書·桓彥範傳》載桓彥範被杖殺處死，"乃令左右執縛，曳於竹槎之上，肉盡至骨，然後杖殺"。

宋承唐律，杖殺雖不列常刑，但在實踐中，此法殺人亦不少見。如宋太祖時，"商河縣李瑤坐贓，杖死"。宋太宗時，"中書令史李知古坐受賕擅改刑部所定法，杖殺之"，"詹事丞徐選坐贓，杖殺之"。宋真宗時，"杖殺入內高品江守恩於鄭州"。遼效宋法，五部長官也皆可杖殺部民，到遼聖宗時，"五院部民有自壞鎧甲者，其長佛奴杖殺之"，聖宗"怒其用法太峻，詔奪官"。從此，官員不敢酷撻。

需要注意的是，雖然遼後，杖殺這種死刑執行方法少有運用，但是在考囚訊問過程中，以棍棒至人斃命則多有發生，雖然這種刑訊逼供手段並非刑罰範疇，但它較之刑罰，其實是有過之而無不及。

13. 沉河

沉，沒也。沉河，是把人投入河中淹死的刑罰。作為刑罰，沉河最早出現於春秋時期，《呂氏春秋·驕恣篇》說："趙簡子沉鸞於河"，指的就是此刑。鸞繳是晉國趙簡子之臣，趙簡子好聲色，鸞繳就立即獻來歌女舞姬；趙簡子好宮室台榭，鸞繳很快就建好亭台樓閣。但是，當趙簡子想延攬人才，鸞繳卻六年未曾選中一人。因此趙簡子認為鸞繳是"長吾過而絀善也"，於是將其沉河斃之。更為國人所熟知的沉河之例是西門豹智送河伯婦。戰國魏文侯時，西門豹為鄴（今河北省臨漳縣一帶）令。當地三老、廷掾勾結女巫，謊說為河伯娶親，每年挑選民家女子沉入河中，騙取百姓錢財，民眾苦不堪言，"多持女遠逃亡"，留下者又害怕"不為河伯取婦，水來漂沒，溺其人民"，不敢不從。西門豹將計就計，在河伯取婦之日，假稱挑選之女不美，令女巫和三老先行通告河伯，將他們全部投入河中。從此，鄴吏民不敢復言為河伯娶婦。

戰國時期，沉河被廣泛用於對待戰爭的俘虜，如秦昭王三十四年（前 273），白起與趙國將領賈偃交戰，把趙國兩萬士兵沉入黃河。秦朝時沉河之刑也稱定殺。《睡虎地秦墓竹簡·法律答問》有："定殺如何？生定殺水中之謂也。""癘者有罪，定殺"，"甲有完城旦罪，未斷，今甲癘，問甲當何論？當遷癘所處之，或口當遷所定殺"的記載。"癘"即麻風病，秦朝的定殺主要是針對有麻風病又犯罪的人，對這種犯人可以投入水中將其淹死。

沉河正式進入法典，是在北魏。《北魏·刑志》曰："巫蠱者，負殺羊抱犬沉諸淵。"用巫術害人的，要負羊拖犬，沉到深淵。這種刑罰似乎是厭勝之事，即用某種詛咒來對付邪魔鬼怪，用在巫蠱者身上算是恰如其分。後世法典，多未規定沉河之刑，但在實踐中，還是屢有使用。如遼太祖時，討平叛賊奚胡損，將其亂箭射死，並將同黨三百餘人，沉之狗河。又如明洪武年間，僉事陳養浩，在詩中寫道"城南有嫠婦，夜夜哭征夫"，被朱元璋知道後，認為他是譏諷朝政，遂令將其遣送湖廣沉河淹死。

沉河更多是作為一種民間的私刑，早在春秋時期，就有此類私刑。《左傳》載：魯成公十一年（前580），晉國的郤犫向魯國的聲伯求婚，聲伯強行將施氏的妻子嫁給郤犫。郤氏和施妻生兩子，後郤犫亡，晉人將施妻及兩子歸施氏，施氏就把郤犫的兩個兒子沉之於河。不幸的是，在不少偏遠地方，即使是在兩千多年以後的20世紀，此等私刑仍被保留，名曰"沉豬籠"，對待偷情者，族人可以將他們捆綁，赤身裸體塞入裝豬的竹籠裏，然後浸入水裏，將其淹死。

沉河之刑多是生投，但也不乏死投，即把人殺死之後，將屍體投入河中，以示侮辱。漢民喪葬風俗強調入土為安，將屍體投入河中，成為魚蝦腹中之餐，顯然是對死者的極大褻瀆。《史記·伍子胥傳》說：伍子胥因被太宰陷害，自刎而死，"吳王乃取子胥屍，盛以鴟夷革，浮之江中"。這種做法在後世也很常見。唐末昭宣帝年間，朱全忠將大臣三十餘人誅殺殆盡，然後將他們的屍體全部投入河中。當時投靠朱全忠的李振曾多次赴試未中，因此特別仇恨那些進士出身的朝臣，他對朱全忠說："此輩常自謂清流，宜投之黃河，使為濁流。"朱全忠笑而從之。

14. 剖心

這是一種剖人胸腹，出其心臟使其死亡的刑罰，最早行此刑的也是暴君商紂。《史記·殷本紀》載："比干曰：'為人臣者，不得不以死爭。'乃強諫紂。紂怒曰:'吾聞聖人心有七竅。'剖比干,觀其心。"只因比干勸諫,卻遭剖心之禍,紂王之酷虐可以窺豹一斑。後世用此刑者,亦不少見。前秦苻洪對待盜賊,就曾用此刑,《晉書‧苻洪載記》載:"生推告賊者,殺之,剖而出其心。"及至宋代,仍殘留此刑,南宋初建炎二年(1128),高宗趙構下詔"禁軍中抉目、剜心之刑",這足以佐證當時軍中以剜心為常,故禁之。

剖心更多是作為一種懲罰仇家,祭奠死難者的私刑。剖心以祭,最早見之於五代,據《五代‧吳越世家》載:潤州牙將劉浩將統帥周寶趕走,推舉薛朗為帥,周寶逃到常州,後病死。當時的越王錢鏐派杜棱攻打常州,擒獲薛朗,剖其心祭奠周寶。又如《張彥澤傳》載:五代後晉時張彥澤殘害百姓,曾將張武剖心斷手足處死,後來果遭報應,被遼主耶律德光擒獲,耶律德光派高勳監刑行刑,高勳以其人之道還治其人之身,剖張彥澤之腹,取其心祭奠死者,而民眾也"爭破其腦,取其髓,臠其肉而食之"。元末順帝時,此等私刑仍然存在。至正二十二年(1362)六月,"田豐及王士誠刺殺察罕帖木兒,遂走入益都城。十一月,擴廓鐵木兒復益都,田豐等伏誅,取田豐、王士誠之心祭奠察罕帖木兒"。直到清末,這種刑罰仍未絕跡,不少封疆大吏仍超越法律,剖心以懲仇家。以致沈家本感歎:"後世用刑者,每以剖心祭仇為快,得不謂之為酷虐乎?乃當今聖仁之世,明諭中外,廢除重刑,而大吏尚有此種行為,殊可怪也。"

15. 射殺

這是一種用箭將人射死的刑罰。《漢書‧王尊傳》記載:美陽有一位婦女告義子不孝，說："兒常以我為妻，妒笞我。"經審訊，該女所訴屬實。王尊於是令人將不孝之子"懸磔於樹，使騎吏五人張弓射殺之"。理由是"律無妻母之法，聖人所不忍書，此經所謂造獄者也"。意思是對如此大傷風化之事，聖人不忍在律法中寫上這種罪名，但此行為卻是罪不容誅，因此可以創造法律，法外施刑。唐朝酷吏王懿宗較王尊更甚。唐人張鷟在《朝野僉載》中說：武則天時期，和親使楊齊莊入匈奴，被抓，後逃回唐境，但武則天認為他通敵賣國，交由王懿宗審訊，楊齊莊被判死刑。行刑之時，王懿宗令人將其"鋪鼓格上，縛磔手足"，先令"段瓚先射，三發皆不中，又段瑾射之，中。又令諸司百官射，箭如蝟毛，仍氣殕殕然微動。即以刀當心直下，破至陰，剖取心擲地，仍趷趷跳數十回。懿宗忍毒也如此。"遼代也曾施射殺之刑。遼穆宗時，有一個叫肖古的女巫給穆宗獻了一個延年益壽的藥方，該藥必須用男子的膽汁調和。穆宗使用此方數年，殺人無數，但卻絲毫沒有什麼效果，於是發覺被騙，遂將女巫射殺。穆宗的殘暴，讓人不寒而栗。

比射殺刑更殘忍的是"射鬼箭"，這主要見之於遼代，該刑是用亂箭把人射死。遼歷代君王，皆喜行此刑。如遼太祖七年（913），養子涅里思參與叛亂，太祖下令"鬼箭射殺之"。天贊二年（923），太祖討平叛賊奚胡損，射以鬼箭。天顯十二年（937），遼太宗"射鬼箭於雲州北"。乾亨二年（980），遼景宗"次南京（今北京市），獲敵，射鬼箭"。統和四年（986），遼聖宗"以所俘宋人射鬼箭"，同年末又"以所獲宋卒射鬼箭"。重熙十三年（1044），遼興宗"獲黨項偵人，射鬼箭"。不勝枚舉。

16. 坑刑

坑刑又稱生埋，生瘞，其更通俗的說法就是"活埋"。坑刑常見的有兩種情形。其一是在古代戰爭中，一方對另一方的俘虜使用此刑。其二是統治者在鎮壓敵對勢力時，使用此刑。

歷史上殘忍至極的坑刑當屬秦將白起在長平一役活埋趙國俘虜四十萬。秦昭王四十七年（前260），武安君白起將趙兵團團圍住，"將軍趙括出銳卒自搏戰，秦軍射殺趙括。括軍敗，卒四十萬人降武安君。武安君計曰：'前秦已拔上黨，上黨民不樂為秦而歸趙。趙卒反覆，非盡殺之，恐為亂。'乃挾詐而盡阬殺之，遺其小者二百四十人歸趙。前後斬首虜四十五萬人。趙人大震"。可以想象，四十萬人被坑殺，其情其景，多麼慘烈。就連白起本人也覺得此舉太過殘暴，以至於三年之後，他被秦王賜死，白起臨死前仍提到長平一役，認為自己作孽太甚，他"引劍將自剄，曰：'我何罪於天而至此哉？'良久，曰：'我固當死。長平之戰，趙卒降者數十萬人，我詐而盡阬之，是足以死。'遂自殺。"始皇二十年（前228），秦始皇攻下少年時曾居住過的邯鄲，也曾下令將當時欺侮過他的人全部"坑殺"。

然而歷史上影響最惡劣的坑殺之事，莫過於秦始皇的坑殺儒生事件。始皇三十四年（前214），秦始皇為了加強思想控制，採納李斯建議，下令將秦國以外的史書和民間收藏的詩書以及諸子百家書，通通燒毀，次年又將四百六十餘方士和儒生，皆坑之咸陽。據說，秦始皇還不止一次坑儒，而且手段越發卑鄙和殘忍。東漢衛宏在《古文尚書》中記載，"秦既焚書，恐天下人不從所更法，而詔諸生，到者拜為郎。前後七百人，乃密種瓜於驪山陵谷中溫處。瓜實成，詔博士諸生說之，人言不同，乃令就視。為伏機，諸生賢儒皆至焉，方問難不決，因發機，從上填之以土。皆壓，終乃無聲也。"秦始皇先令人在驪山溫谷挖坑種瓜，以冬季瓜熟的奇異現象為由，引蛇出洞，誘惑諸生賢儒於驪山觀看。當眾儒生爭論不休、各抒己見時，秦始皇趁機下令填土而埋之，七百多名儒生全部被活埋在山谷裏，這種秘密暗殺的手段如此"巧妙"，如此駭人聽聞，被害者在不知不覺中突然死亡，外人也莫名其妙，以為他們人間蒸發，直到東漢光武帝時才被衛宏揭示。秦始皇的"焚書坑儒"是對人類思想的巨大摧殘，思想界萬馬齊喑，愚民政策大行於世，人類的思想曾一度在封建專制的鉗制中蹣跚前行。

秦朝之後，坑刑亦是史不絕書。項羽就曾效法白起，坑殺秦降卒二十多萬。《史記‧項羽本紀》載：秦將章邯向項羽投降，痛斥趙高劣跡，項羽封章邯為雍王，安置在項羽的軍中。秦軍投降之後，項羽統帥的諸侯官兵對秦軍隨意侮辱使喚。秦軍官兵有諸多議論，認為如果無法入關滅秦，秦朝廷必定會誅殺自己的父母妻兒。諸侯軍將領們暗地報告了項羽。項羽認為秦軍官兵人數眾多，內心並未真正臣服，不如殺之以除後患。於是楚軍趁夜把秦軍二十餘萬人擊殺坑埋在新安城南。

項羽此舉雖效仿秦人，但如此殘暴與狹隘也就注定了他覆滅的命運。就連項羽寵妃虞姬在與項羽生離死別之際，仍在責備項羽當時之舉，導致天怒人怨："妾問道，妾問道：將軍不要為人患，坑卻秦卒二十萬。懷王子孫皆被誅，天地人神共成怨。妾問道，妾問道：將軍為何不肯聽，將軍莫把漢王輕。漢王聰明有大度，天下英雄聞駕馭。將軍不悟兮如何？將軍雖悟兮奈何！"的確，當時項羽的狹隘與劉邦的大度形成鮮明對比，以至於韓信決然離開楚營，投奔劉邦。因此司馬遷評價項羽，說他"虐戾滅秦，自項氏。號為霸王，位雖不終，近古以來，未嘗有也。項羽自矜功伐，以功勳自詡，將敗亡，歸於無意，最後身死東城，尚不覺悟而不自責，過矣。乃引'天滅亡我，非用兵之罪也'，豈不謬哉？"

坑殺俘虜之風延續甚久，幾乎每個朝代都有。比如《後漢書・袁紹傳》記載，200年曹操與袁紹軍在官渡決戰，曹操勝後將被迫投降的袁軍部隊"盡坑之"。《晉書・載記》說十六國時期坑刑更是家常便飯。310年石勒攻晉冠軍將軍梁巨於武德，"坑降卒萬餘"。317年前趙劉聰鎮壓平陽貴族，"坑士眾萬五千餘人，平陽街巷為之空"。320年石虎擊敗前趙劉曜，"坑士卒一萬六千"。321年石勒"坑"晉軍曹嶷部的降卒3萬人。349年石虎死後，數子爭奪帝位，小兒子石沖戰敗，"坑其士卒三萬餘人"。甚至到唐宋時期，仍有坑刑存在，史載唐太宗征高麗時，"收靺鞨三千三百，盡坑之"。北宋田況鎮壓保州反叛士兵，借招降之名"坑其構逆者四百二十九人"。

坑刑多在戰爭時候使用，一般不屬於國家的正式常刑，但在遼代時，卻曾一度在法律中規定此刑。當時此刑稱"生瘞"。"有年瘞土，無年瘞土。"高誘注："祭土曰瘞。年，穀也。有穀祭土，報其功也。無穀祭土，禳其神也。"生瘞就是活埋以祭地。《遼志》說："又為生瘞之刑。"《遼史・太祖記》亦有關於此刑之記載。當時對於謀反之人經常實施這種生埋之刑，"神冊三年四月，皇弟迭烈哥謀叛，事覺，知有罪當誅，預為營壙，而諸戚請免。上素惡其弟寅底石妻涅里袞，乃曰：'涅里袞能代其死，則從。'涅里袞自縊壙中，並以奴女古、叛人曷魯只生瘞其中。

遂赦迭烈哥。"皇弟迭烈哥謀反,遼太祖赦免弟弟的條件是讓弟媳自縊代罪,並將弟弟的親信悉數活埋。

17. 剝皮

剝皮之刑雖非官刑,但在歷史上卻被多次使用,其殘忍性令人髮指。三國時吳國末帝孫皓就喜剝人之面。前秦苻生也曾剝死囚面皮,令其歌舞,觀之以為嬉樂。真正將剝皮之刑普遍化是在明朝。較之前朝,明朝的剝皮刑不僅使用廣泛,而且更為殘忍,以往不過是剝人面皮,到了明朝則發展為生剝人全身的皮膚。這其中最著名的莫過於"剝皮實草"了,就是將活人的皮剝下來,裏面塞上草,做成"人皮草袋"以儆效尤。朱元璋是歷史上對官員最嚴苛的皇帝,最恨貪官污吏,貪污數額在六十兩銀子以上,就可行此刑,為了充分警告繼任的官員,不要貪贓枉法,他還命令將這"人皮草袋"放置在官衙門的辦公桌旁。當時,差不多每一個地方的官衙門前,都有一個剝皮場和挑貪官人頭的長竿。更可怕的是,為了充分折磨受刑人,當時的法律甚至規定,"有即斃者,行刑之人坐死",剝皮時絕對不能讓受刑人早死,否則劊子手要被處決。

不幸的是,嚴刑峻法並未遏止官員的腐敗,貪贓枉法的官員從來就是繼往開來,後繼有人,就像韭菜一樣,割一茬,長一茬。僅朱元璋時期的空印、郭桓兩案,就有數萬官員被連累致死,但貪污腐敗之風並未遏止,以至於朱元璋都大惑不解,"我效法古人任用官吏,豈料,剛剛提拔他們時,每位官員都忠於職守,奉公守法,但時間一長,一個個全都腐化變質,又奸又貪。我只能嚴明法紀,予以懲處。結果能夠善始善終的很少,大多都家破人亡。"

朱元璋的後世子孫也不乏喜好剝皮之人，明武宗甚至將死囚人皮制成鞍馬，供騎乘之用，其心之冷酷殘忍，令人咋舌。天啟年間的大太監魏忠賢亦是剝皮高手。據史書記載，一日，某客棧有屋人一起喝酒，其中一人慷慨激昂大談魏閹禍國殃民，作惡多端，多行不義必自斃。另外四人有的沉默，有的害怕，有的勸他說話要小心。不料此人仍大聲說："魏閹雖專橫，總不至於剝我的皮，我怕什麼。"不料一語成讖。夜間，眾人熟睡，忽然有人破門而入，將該人逮走。接着又將其餘四人一起帶到衙門。堂上高坐着魏忠賢，魏忠賢令人將先捕的那人全身剝光，手腳釘在門板上，然後對其餘四人說："這位說我不能剝他的皮，今日不妨一試。"於是令手下取來融化的瀝青澆在那人身上，待到瀝青冷卻凝固，然後用錘子敲打，瀝青和人皮一齊脫掉，形成一副完整的人皮。四人被嚇得半死，魏忠賢讓人賞給他們每人五兩銀子壓驚，將他們放走。

明崇禎帝煤山自縊以後，遺老遺少先後成立了好幾個小朝廷，史稱南明，其中延續最長的（15 年）是在西南邊陲苟延殘喘的永曆朝廷，這個朝廷雖無所作為，但仍延續乃祖朱元璋的剝皮之風。永曆六年（即順治九年，公元 1652 年），武將孫可望殺陳邦傳，將其剝皮傳示各地。御史李如月向永曆彈劾他，但永曆帝不敢開罪孫可望，反而將李如月重打四十大板。後來此事被孫可望知道，孫大怒，命人將李如月剝皮。剝皮之後還將李如月的皮用石灰清乾，用線縫好，中間塞上草，懸至北城門上。難怪魯迅先生總結道："大明一朝，以剝皮始，以剝皮終，可謂始終不變；至今在紹興戲文裏和鄉下人的嘴裏，還偶然可以聽到'剝皮揎草'

的話，那皇澤之長也就想而知了。"

18. 凌遲

在人類刑罰史上，最駭人聽聞、慘絕人寰的刑罰當屬凌遲了。凌遲，俗稱臠割、剮、寸磔，也就是通常所說的千刀萬剮。"凌遲"一詞原作"陵遲"，語出《荀子‧宥坐》："三尺之岸，而虛車不能登也。百仞之山，任負車登焉，何則？陵遲故。"陵，丘陵也；遲，慢也。凌遲之本義乃指丘陵之勢漸慢也，借指刑罰"殺人者欲其死之徐而不速也，故亦取漸次之義"。

凌遲之刑的最大特點就是緩慢將人殺死，千刀萬剮，讓人在死亡前痛苦不堪，求生不得，求死不能。

凌遲刑起源可以追溯至南北朝。北齊文宣帝常常以"輕刀臠割"殺人，南朝宋後廢帝劉昱也曾親手將人臠割，另據《梁書‧侯景傳》載："（侯）景長不滿七尺，而眉目疏秀。性猜忍，好殺戮，刑人或先斬手足，割舌割鼻，經日方死。"這實際上就是凌遲的雛形。唐中後期，此刑亦時有出現，《新唐書‧宦官傳》載：唐玄宗時，宦官楊思勗性情殘忍，"所得俘，必剝面、皦腦、褫髮皮以示人"，"縛於格，箠慘不可勝，乃探心，截手足，剔肉以食，肉盡乃得死"。又如《資治通鑒》載：宰相楊國忠在安史之亂時，被亂兵"屠割"，"軍士追殺之，屠割支體，以槍揭其首於驛門外"。顏杲卿（書法家顏真卿之兄）兵敗，為安祿山所抓，也是被割肉節解，零割而死，"大罵，受剮刑，仍罵不絕口，被鉤斷舌頭，猶含糊而罵，直至氣絕"。這種殘忍的刑罰與凌遲已非常接近。

凌遲作為正式的刑罰，一般認為始於五代。陸游在《渭南文集·條對狀》認為："五季多故，以常法為不足，於是始於法外特置凌遲一條。"又據《遼史·列傳第四二》記載：遼太祖神冊六年"滑哥預諸弟之亂。事平，群臣議其罪，皆謂滑哥不可釋，於是與其子痕只俱凌遲而死，敕軍士恣取其產"。神冊六年也就是公元 921 年，當是五代之時。《遼史·刑法志》亦有"死刑有絞與斬、凌遲之屬"的記載。由於遼初之法主要效仿中原諸國，因此這也可從側面印證五代時凌遲之刑已正式存在。

北宋開國之初，力糾五代弊政，禁止凌遲之刑。宋太祖時頒行的《刑統》規定重罪應使用斬或絞，並未有凌遲之刑。宋真宗大中祥符四年（1011），內侍楊守珍在京東獲賊人後欲行凌遲，七年（1014）御史臺亦請臠割殺人賊，八年（1015）陝西督捕賊巡檢使楊守珍又請行凌遲，都遭到宋真宗的駁斥，並詔"捕捉盜賊送所屬，依法論決，情理切害者奏裁"。這說明直到宋真宗時，凌遲仍然是被禁止的。

凌遲刑正式進入北宋是在宋仁宗時期，天聖九年（1031），因荊湖地方殺人祭鬼，仁宗怒而降詔："自今首謀若加功者，凌遲斬之。"，這是北宋首次使用凌遲刑，從此，凌遲之刑大行其道。明道元年（1032），淮南西路的廬、壽、光等州，"獲累行劫盜者六人，凌遲處死"。景佑元年（1034）宋仁宗又詔："應災傷州軍捉獲強劫賊人內，有曾殺害人命及累行劫盜，情理巨蠹者，即許凌遲處死。"慶曆三年（1043）邵興兵變失敗，仁宗又詔：邵興及其黨"並凌遲處斬"。仁宗開風氣之先使用凌遲，死後卻謚號"仁宗"，真可謂強烈之諷刺。

仁宗之後，凌遲被廣泛使用，尤其是宋神宗年間，為推行新法，大肆運用凌遲之刑，較之乃父，更進一步，因此《通考·刑制考》說：“凌遲之法，昭陵（宋仁宗陵號）以前，雖兇強殺人之盜，亦未嘗輕用，熙豐間詔獄繁興，口語狂悖者，皆遭此刑。”因為思想言論就慘遭凌遲，神宗此舉令人髮指。

到了南宋，《慶元條法事例》更明確地把凌遲和斬、絞同列為死刑名目，從此凌遲作為一種法定刑一直延續到清末。如《元史·刑法志》說：“死刑則有斬而無絞，惡逆之極者，又有凌遲處死之法焉。”《大明律刑律·盜賊》也說：“謀反大逆：凡謀反謂謀危社稷，大逆謂謀毀宗廟、山陵及宮闕，但共謀者，不分首從，皆凌遲處死。”當然，凌遲在明朝並非正刑，對此《明史·刑法志》說：“二死（絞、斬）之外有凌遲，以處大逆諸罪者，非五刑之正，故圖不列。”這其實是典型封建帝王作秀手法，“做了婊子還要立牌坊”。統治者當然知道凌遲太過殘忍，為了避免被人斥為暴虐昏君，所以他們採取了在正刑中不標其名，但在具體犯罪中規定凌遲之刑的掩耳盜鈴之法。清代法律規定處凌遲之刑的條款更多，它除了繼承《明律》對凌遲刑的十三處規定外，還對劫囚、發塚、謀殺人、殺一家三口、威逼人致死、毆打祖父母、毆打業師、獄囚脫監、謀殺本夫等罪，也都規定了凌遲。

凌遲之刑的執行過程慘不忍睹，但多未為正史所載。《宋史·刑法志》只稱：“凌遲者，先斷其支（肢）體，乃抉其吭，當時之極法也。”但在實際行刑時，其殘忍性遠超此載。劊子手用刀從活人身上將肉一片片地割下，然後截肢、剖腹、斷首，竭力延長受刑者的死亡時間，讓其極度痛苦，但又不會輕易斃命。陸游稱受刑者“肌肉已盡，而氣息未絕，肝心聯絡，而視聽猶存”。《宋文鑒》也說受刑人“身具白骨而口眼之具尤動，四肢分落而呻痛之聲未息”。清人王明德在《讀律佩》描述得更為詳盡：“凌遲者，其法乃寸而磔之，必至體無餘臠，然後為之割其勢，女則幽其閉，出其臟腑，以畢其命，支分節解，菹其骨而後已。"

　　據說宋元時期，凌遲所割刀數還相對較少，凌遲有 8 刀、24 刀、36 刀、72 刀、120 刀等區別。如元雜劇《竇娥冤》所反映的凌遲之刑，犯人張驢兒"毒殺親爺，姦佔寡婦，合擬凌遲，押赴市曹中，釘上木驢，剮一百二十刀處死"。又如沈家本在《歷代刑法分考》中認為當時"相傳有八刀之說，先頭面，次手足，次胸腹，次梟首。皆劊子手師徒口授，他人不知也，京師與保定亦微有不同，似此重法，而國家未明定制度，未詳其故"。據說 24 刀凌遲的行刑順序依次為：一、二刀削去雙眉，三、四刀切去雙肩，五、六刀割去雙乳，七、八刀切去兩手至兩肘之間的部份，九、十刀切去兩肘至兩肩的部份，十一、十二刀削去兩腿的肉，十三、十四刀削掉腿肚，十五刀刺心臟，十六刀割首級，十七、十八刀切兩手，十九、二十刀切兩腕，二十一、二十二刀切兩足，二十三、二十四刀切斷兩腿。一般說來，凌遲施刑並無定法，行刑者可以便宜行事，因此劊子手常常借機向犯人家屬敲詐。方苞在《獄中雜記》中就說過："凡死刑，獄上，行刑者先俟於門外，使其黨入索財物，名曰'斯羅'。富者就其戚屬，貧則面語之。其極刑，曰：'順我，即先刺心；否則，四肢解盡，心猶不死。'"

　　明清時期，行刑過程越來越複雜，行刑時間也越來越長，甚至有拖至數日的；所割刀數更是登峰造極，一度達到數千刀，真正算是"千刀萬剮"了。明武宗正德年間太監劉瑾受凌遲時，據說凌遲三日，刀數達三千三百五十七刀。"頭一日該先剮三百五十七刀，如大指甲片，在胸膛左右起初開刀，則有血流寸許，再動刀則無血矣。人言犯人受驚，血俱入小腹小腿肚，剮畢開膛，則血皆從此出。至晚押瑾順天府宛平縣寄監，釋縛數刻，瑾尚能食粥兩碗。次日則押至東角頭。先日瑾就刑，頗言內事，以麻核桃塞其口，數十刀氣絕，時方日升在彼，與同監斬御史具本奏，奉聖旨：劉瑾凌遲數足，銼屍免梟首。銼屍，當胸一大斧，胸去數丈。"

明末進士鄭鄤被凌遲處死，被剮三千六百刀。明《明季北略》一書記下了當時場面，"黎明欑割之旨乃下。行刑之役具提一筐，筐內均藏鐵鈎利刃，時出刃鈎穎以沙石磨利之。峚陽（即鄭鄤）坐於南牌樓下，科頭蹺足，對一童子囑咐家事絮絮不已。鼎沸之中忽聞宣讀聖旨應剮劊子手百人群而和之如雷震然，人皆股栗。炮聲響後，人擁擠之極，原無所見，下刀之始不知若何。但見有丫之木指大繩勒其中，一人高距其後伸手取肝肺兩事置之丫顛。忽又將繩引下，聚而割之如娟。須臾小紅旗向東馳報，風雲電走，雲以刀數據報大內。"

最悲慘的莫過明末抗清名將袁崇煥了，忠心為國，卻因皇太極所設反間計為崇禎所殺。崇禎三年（1630）袁崇煥以通敵賣國之罪被判凌遲處死，行刑前以漁網覆身，讓肉從網眼中凸出來，以方便割取（此種行刑方式又稱"魚鱗剮"），袁崇煥共被剮3700多刀，可憐袁崇煥皮肉已被割盡，人還未死。據說袁崇煥皮盡肉蛻之時，雖口中無法出聲，但心肺間仍發出哀號。更讓人心寒的是，當時許多北京城無知民眾居然等候着購買袁崇煥的肉吃，以示憤怒。

清朝時，凌遲之法又有新的發展，清代俞正燮《癸巳類稿》中稱：凌遲行刑一般為三日，刀數有4700或3600刀。據說為了防止受刑人在刑罰途中休克死去，在處刑前都被灌以大量鴉片，因此很多受刑者在受刑時都神情恍惚。清嘉慶八年（1803），一位名叫陳德的雜役因行刺嘉慶遭凌遲處死。據說陳德被凌遲時"血盡但流黃水而已"，剮到一半陳德對劊子手說："快些"，劊子手回答他"上讓你多受些罪"，"遂閉目不復言"。凌遲後陳德還被梟首陳屍示眾。清朝同治年間，劊子手還對刑具進行改進，發明了鉤子行刑法，當時有人因刺殺兩江總督馬新貽被判凌遲，為了精確行刑，劊子手先用鉤子將犯人肉鉤起，再用刀割。

直到 19 世紀末期，凌遲刑仍然廣泛使用，當時太平天國的首領通常都被處此刑。如太平天國北伐軍失敗，林鳳翔、李開芳等將領八人被俘，都被押解北京凌遲示眾。翼王石達開也曾罹受此刑，其情景尤為慘烈。石達開在大渡河山窮水盡，不忍全軍餓死，隻身向清軍"請死"，以救全軍。不料被清軍械送成都凌遲處死。軍士兩千餘人，翼王妻妾子女均被殺害，慘不忍言。最不可思議的是，對石達開五歲的幼子和剛出生的兒子的處罰，按照清律，兩人都該"凌遲"，但由於他們身軀太小無法剮三千多刀，於是要被養大成人，才執行此刑。石達開被行刑時異常堅強，始終不發一語，當時他和宰輔曾仕和、中丞黃再忠等綁赴刑場時，石、曾二人面對面綁在兩個木樁上。劊子手先對曾仕和割第一刀，曾仕和慘叫不已，石達開大斥說："為什麼不能忍受此須臾時間？"曾仕和才緊咬牙關，不再叫喊。據說石達開受刑時被割數百刀，始終默然無聲。這種氣勢讓監斬官員都大為震驚，四川布政使劉蓉事後在呈送道光帝的奏折中這樣說石達開："梟桀堅強之氣溢於顏面，而詞句不亢不卑，不作搖尾乞憐語。……臨刑之際，神色怡然，實醜類之最悍者。"歷史記載的最後一次凌遲是在光緒年間的 1905 年 3 月 25 日，對此人凌遲居然還是從輕發落，當時此人因殺害某蒙古親王，本被判處火刑，但光緒覺得火刑太過殘忍，於是改為凌遲以表皇家恩典和慈悲之心。

除上述死刑，在歷史中，亦還有不少法外之刑，比如用鐵器擊人頭頂的鑿顛之刑，用鐵鋸將人活活鋸死的鋸割之刑，用鉛或錫灌入人腸的灌鉛之刑，用釘子將人釘死的活釘之刑，用鐵鉤將人腸抽出的抽腸之刑，將人脊柱打斷的斷脊之刑，將人從懸崖投落的投崖之刑等等，不勝枚舉。總之，只要是讓人不得好死，那麼無論這種死亡方式多麼令人匪夷所思，在漫長的歷史中，都能夠發現它的蹤跡。後世的人們在感歎現代文明給予人類的福祉的時候，也許無法想象，我們的先祖曾經經歷過多麼漫長的一段野蠻、血腥、殘暴、恐怖的歲月。

光緒三十一年（1905），修律大臣沈家本等奏請廢除凌遲、梟首、戮屍、刺字等酷刑，清廷表示同意，"凡死罪至斬決而止，凌遲及梟首、戮屍三項，著即永遠刪除，所有現行律例內凌遲、斬、梟各條，俱改為斬決"。隨後修訂的《大清新刑律》更是明確規定：死刑只用絞刑一種，並且要特定場所秘密執行；謀反大逆及謀殺祖父母、父母等罪，另依"專例"，仍用斬刑。

至此，死刑執行方式從多元化向一元化邁進，從野蠻向文明邁進，刑罰終於開始踏上了現代化、文明化的征途。此後的北洋政府和國民黨政府更是效仿西方發達國家刑法模式，徹底拋棄殘暴的死刑方式，1914 年北洋政府的《懲治盜匪法》和 1925 年廣州國民政府的《陸軍刑律》均規定死刑採槍決方式，廢除絞刑這種清末法制改革保留的唯一的封建死刑執行方式，死刑執行方式向文明又邁了一步。

1949 年，新中國成立之後，沿用"槍決"。1996 年，新修訂的《刑事訴訟法》第 212 條規定"死刑採用槍決或者注射等方法執行"。1997 年 11 月 4 日，昆明市中院首次對四名毒犯執行了注射這種行刑方法。此後，"針決"方式在全國推廣，死刑執行方式愈加文明。

二、死刑發展的三大趨勢

綜觀死刑的發展歷程，三大趨勢體現得尤為明顯。

其一，死刑執行從多元化向一元化邁進。

從結果角度來說，死刑的後果是唯一的，人的生命只能被剝奪一次，但是為了將死刑的威懾作用發揮到極致，歷代統治者無不在死刑的執行方式上大做文章。死刑執行經歷了多元化到一元化的轉變，其間的過程無限曲折漫長。

自死刑產生開始，其執行方式五花八門，無比殘酷，主要的死刑方法就有斬、絞、烹、腰斬、車裂、醢刑、磔等，這種死刑執行多元化一直延續到漢代才稍有變更。西漢時，死刑變為：夷三族、腰斬、棄市、梟首、磔五種，種類有所減少，殘酷程度亦大為降低。北魏時期死刑執行方式更是大大縮小，《魏書·刑法志》說："世祖即位，定律令。……分大辟為二科：死、斬。死入絞，大逆不道，腰斬。"死刑執行的二元化趨勢開始出現，死刑分為斬、絞兩種，並以此作常刑，隋朝時將這種死刑二元化模式規定為法律定式，《隋書·刑法志》載："開皇元年，更定新律，其刑名有：'一曰死刑二，有絞，有斬。'"死刑執行二元化的確立是死刑發展史上重大的進步。雖然在這二元化模式以外，還存在一些非法之刑，但死刑執行的主流仍以絞、斬為主。

然而，宋朝在絞、斬之常刑的基礎上，又對謀反、謀大逆、惡逆以及不道等重罪，規定了凌遲作為唯一的法定刑。此例為元、明、清三朝所效仿，更有甚者，清代在絞、斬之上，又增加了凌遲、梟首和戮屍三種死刑制度。二元化的死刑執行模式被死刑三元化，甚至五元化所替代，這是歷史的嚴重倒退。然而，刑罰人道化、輕緩化的趨勢不容抗拒，清末修律，廢除慘無人道的諸多行刑方式，取而代之以較為文明的絞刑，斬刑只在非常特殊的情況下才偶有適用，死刑執行的多元化終於向一元化邁進。隨後，北洋政府和國民黨又將絞刑、斬刑之刑徹底廢除，而以現代性的槍決代替，至此，死刑一元化模式開始確立。

新中國成立以後，很長一段時間，死刑都採用槍決方式，但1996年新刑事訴訟法又將死刑執行方式變成槍決和針決兩種，看起來這似乎是死刑一元化模式為二元化模式所替代，但其實質是為建立一種更為文明的死刑一元化模式作鋪墊。與以往任何一次反覆不同的是，此次所增"針決"是一種更為文明的死刑方式，它比槍決更為人道。但是由於各地經濟發展不一，不可能在全國普遍採用此法，因此從現實角度考慮，槍決仍要保留一段時間，但它最後必然被針決所取代。因此針決、槍決並列的二元化模式只是將來的針決一元化模式的過渡階段，它是一種否定之否定。

其二，從法外施刑到法內用刑。

在中國古代，雖然自北魏以來，死刑之常刑只有斬、絞，只是到了宋朝才增加凌遲，但是實際上，除了這些法定常刑外，還有大量的法外用刑，其殘忍度較之常刑更甚。

然而，自鄭子產鑄刑書以來，人類都試圖將刑罰權這種最可怕的權力用規範形式予以約束，因此也就有了刑法。雖然這一過程不乏波折，但總體趨勢是明確的，那就是不斷用法律手段約束無限擴張的刑罰權。歷朝歷代，有關刑名的法律規定無不是朝着這一方向努力，但是由於封建社會的人治傳統，這一努力也就不可避免歸於失敗。以至在封建社會後期，法外之刑竟然有了專門的名稱，叫作"閏刑"。

在漫長的歷史進程中，皇權從來高高在上，帝王們擁有無限的權力，"口含天憲"，可以隨意造法毀法，法律約束的只是帝王權貴以外的其他人。因此，明武宗剝囚犯皮，"法司奏祖宗有禁，不聽"。明確道出法外用刑緣由的是唐高宗，當時將軍權善才因毀昭陵之樹，雖依律只是罷官免職，但高宗硬要將其處死，而且毫不隱諱地說："善才情不可容，法雖不死，朕之恨深矣，須法外殺之。"上行下效，法外用刑一度氾濫，法律也就不可能對刑罰權作徹底的約束。

清末修律，明定罪刑法定原則，該原則可以說是中國刑法從野蠻走向文明的標誌。據此原則，一切刑罰必須在法律的約束之下，法律沒有規定的刑罰，堅決禁止使用。從此，死刑的執行方式在制度上真正實現了從法外施刑到法內用刑。

其三，從死刑濫用到限制死刑。

儒家強調德主刑輔、明德慎罰、恤刑慎殺，在這種觀點的影響下，中國古代不乏限制死刑的例證，如李世民的"死囚三百來歸獄"。另外，在程序上，古代（北魏、隋、唐等朝代）曾有死刑覆奏制度，即判處死刑的案件，在執行前須奏請皇帝批准。

明、清兩代除十惡不赦的死刑立決案件外，對其他不立即執行死刑的案件，每年秋季要派高級官員會審。這種制度在明代稱朝審；在清代，覆審京師死刑案件稱朝審，覆核外省死刑案件稱秋審。會審後的死刑案件，最後仍要報皇帝核准。死刑覆核的一個重要目標就是層層把關，防止錯殺無辜，限制死刑的適用。

但是，在更多的時候，儒家學說不過用來裝點門面，統治者骨子深處依然信奉的是法家的霸王之術，即所謂的"內法外儒"。這最經典的莫如漢宣帝父子的對話。《漢書·元帝記》載：漢宣帝的太子劉奭好儒術，當他對父親說："陛下持刑太深，宜用儒生"時，漢宣帝立即作色道："漢家自有制度，本以霸王道雜之，奈何純任德教，用周政乎！且俗儒不達時宜。好是古非今，使人眩於名實，不知所守，何足委任？"隨後，漢宣帝"乃歎曰：亂我家者，太子也！由是疏太子而愛淮陽王。"因此在更多時候，嚴刑峻法就成了統治者最經常的選擇，尤其是在社會治安不好的情況下，"治亂世用重典"的重刑主義傾向更是無法避免，即使是在唐太宗年間，任意刑殺之事亦不少見，如因女兒高陽與和尚辯機通姦，他下令腰斬辯機，同時殺戮高陽公主身邊知情不報的奴婢十多人，死刑的隨意濫用可見一斑。唐太宗尚且如此，遇到更為暴虐的帝王，人命如草芥也就可想而知。

如明朝的朱元璋父子：朱元璋大殺功臣、朝臣，僅僅胡惟庸、李善長、藍玉三案就殺人十萬之多。在位三十年，殺了二十萬人，基本上將功臣誅殺殆盡。較之乃父，朱棣也毫不遜色，建文帝兵敗之後，朱棣將建文帝宮中的宮人、女官、太監全部殺光，一次性就枉殺一萬四千多人，忠於建文帝的舊臣基本上被殺光，一時血雨腥風、屍橫遍野。這些濫用死刑之舉還多發生在和平年間，如果換在戰爭期間，殺戮則更是稀鬆平常！至於程序上的限制，也更多的是一種擺設。如明永樂年間的朝審制度，永樂十七年（1419）曾規定京城外的死罪重囚都要解送京師，並將犯人、案卷一並送到，朝審審訊時，原來負責該案的官員應攜卷旁聽，如果遇有犯人翻供或稱冤時，原審官員要照卷陳述原來審問的始末，並將原審判決的理由提供給會審各官參考。看起來，這種朝審制度比今天的死刑覆核還要文明和進步，不僅由最高司法機關統一覆核，而且還實行開庭審理。但就是永樂一朝，卻是中國歷史上最殘暴血腥的年代之一。

真正對死刑適用進行制度性限制始自清末。清末修律，首先對死刑的執行方式大加限制，死刑執行從既往的多元化模式轉換為一元化模式。其次是程序上的真正限制，《大清新刑律》明確規定："死刑非經法部覆奏回報，不得執行。"

新中國成立以來，死刑覆核制度亦被保留，但是在覆核權的歸屬上卻有過諸多反覆。雖然兩部刑法、兩部刑事訴訟法都明確規定死刑立即執行案件的覆核權統一歸最高人民法院，但在實際執行中，最高人民法院卻將此權力下放，各省級法院都享有此生殺予奪之權。直到 2007 年 1 月 1 日，最高人民法院才正式收回死刑覆核權，限制死刑的精神終於在程序上走向現實。

我國刑法罪名總數有四百多個，在 1997 年刑法典中死刑罪名多達 69 個，佔全部罪名的 1/6 強。雖然經過數次修正，如今死刑罪名仍有 46 個，其中有相當數量是非暴力性犯罪。

我國現行刑法第 48 條明文規定死刑只應適用於罪行極其嚴重的犯罪分子。聯合國《公民權利與政治權利國際公約》第 6 條第 2 款也規定：在未廢除死刑的國家，只能對最嚴重的犯罪判處死刑。聯合國經濟及社會理事會關於《保護面對死刑的人的權利的保障措施》進一步規定："這應理解為最嚴重的罪行之範圍不應超出具有致命的或者其他極其嚴重之結果的故意犯罪。"至於什麼是"其他極其嚴重的後果",聯合國經濟與社會理事會秘書長在關於死刑的第六個五年報告《死刑與貫徹〈保證面對死刑的人的權利的保障措施〉》中對此闡述為："致命的或其他極其嚴重的後果的含義傾向於暗示着這樣的犯罪應該是危及生命的犯罪。在這個意義上,危及生命是行為的一種極為可能的犯罪。"非暴力犯罪適用死刑與《公民權利和政治權利國際公約》的精神明顯背離,在這方面現行刑法仍有改進空間。

因為世上有邪惡,所以法律必須通過懲罰來進行威懾,避免邪惡蔓延如洪水滔天。從這個意義上來講,死刑具有合理性。殺人償命欠債還錢,這種民意的情緒表達本身也有其內在的合理價值。

在筆者看來,廢除死刑的做法並不合適。那種忽視公義,濫施恩情的人道主義有着太多的偽善。他們經常會為了假想的將來而忽視現在的利益,為了抽象的人類無視具體人的悲苦。對於那些極度邪惡的殺人重案,如果不處以極刑,如何能夠撫慰仍存於世之人的淚水。

但是,我們必須限制死刑,而不能濫用死刑。死刑只能針對謀殺一類的重罪。對謀殺處以死刑本身就是對生命的尊重,也是對死刑的限制。

啟蒙思想家曾經樂觀地預想,隨着人類知識水平的提高,科學技術的發展,社會制度的革新,人類的前景一片美好。但是,20世紀無數的浩劫讓這種樂觀情緒進入了冰河。在奔向燦爛藍圖的過程中，總有一股下墜的力量讓方向出現了負斜率。

法律中的樂觀主義曾經相信邪惡是可以改造的，罪大惡極之人只是暫時生病的病人，既然疾病可以治療，那麼犯罪的人同樣也可以醫治。但是，再犯率的不斷升高，惡性案件的層出不窮，讓改造主義成了一種幻夢。

法律無法消滅邪惡，也很難改造邪惡，它只能有限地約束邪惡，避免邪惡的氾濫。如果說在法律中依然要保留改造罪犯的美好設想，那也必須讓罪犯受到應得的嚴厲懲罰。從這個角度而言，死刑仍然應當保留，但必須受到最大限度的限制。

第七章

以錢贖刑

古代五刑之外，有一種刑叫作贖刑，犯人可以繳納一定數量的金錢，或服一定期限的勞役減免其罪。

贖刑的歷史非常久遠，早在堯舜時期，就有"金作贖刑"的說法。《尚書・呂刑》序言中有"呂命穆王，訓夏贖刑"，這可推知夏朝有贖刑的存在。《尚書大傳》也說："夏後氏不殺不刑，死罪罰二千饌。"一饌相當於銅六兩，大致三百七十五斤銅即可抵死罪，後人感歎說："禹之君民也，罪弗及強而天下治。"

一、贖刑的歷史

西周時期，贖刑開始大量適用，《尚書・呂刑》說："墨辟疑赦，其罰百鍰，閱實其罪。劓辟疑赦，其罪惟倍，閱實其罪。剕辟疑赦，其罰倍差，閱實其罪。宮辟疑赦，其罰六百鍰，閱實其罪。大辟疑赦，其罰千鍰，閱實其罪。墨罰之屬千。劓罰之屬千，剕罰之屬五百，宮罰之屬三百，大辟之罰其屬二百金作贖刑。"這就是著名的"罪疑惟輕"，五刑皆可用贖刑，罰鍰就是罰銅，刑罰越重，贖價越高。但贖刑只限於疑罪，只有那些無確鑿證據，很難能定罪判刑的案件，才可以銅贖罪。

春秋時期的贖刑主要是罰甲兵之刑。《國語・齊語》對此有過記載：齊桓公問管仲，齊國的甲兵不足，該如何是好？管仲說："輕過而移諸甲兵。"意思是用甲兵贖罪，對其過錯輕以處之。具體做法是："制重罪贖以犀甲一戟，輕罪贖以鞼盾一戟，小罪讁以金分，宥間罪。"這裏的"間罪"也是指證據不充分的疑罪，對其以贖刑寬宥之，其中重罪是本該判大辟之刑，輕罪是本該判劓、刖之刑，而小罪是不列入五刑的其他犯罪。齊桓公接受了管仲的建議，薄刑罰，厚甲兵，最終成就了一番霸業。

當時，諸侯國連年交戰，戰爭期間被抓的達官貴人有時也可以甲兵或金錢的方式贖回，比如《左傳·宣公二年》載："宋人以兵車百乘，文馬百駟以贖華元於鄭。"有時，諸侯國還鼓勵民間向他國贖人，魯國當時就有法律規定，"贖人臣妾於諸侯，皆取金於府"。只要能將這些被抓的貴人贖回，政府可以報銷贖金，鼓勵民眾贖人報國。

有一次，孔子的學生子貢到他國經商，響應國家號召，贖了一個同胞回來，但事後卻謝絕了國家支付的贖金。按理說這是好事，但孔子卻非常生氣，批評他說："賜失之矣。夫聖人之舉事也，可以移風易俗，而受教順可施後世，非獨以適身之行也。今國之富者寡而貧者眾，贖而受金，則為不廉；不受金，則不復贖人。自今以來，魯人不復贖人於諸侯矣。"意思是贖人後按照法律接受應得的獎金，會鼓勵人向善，向諸侯贖人，但是不接受獎金，這就會導致以後不會再有人替魯國人贖身了。

相反孔子對子貢的同學子路救人後欣然接受了別人送給他的牛，大加讚賞，認為"子路受而勸德，子貢讓而止善"，子路的行為會讓"魯國必好救人於患也"，而子貢的行為恰恰相反。孔子的思路和現代法律的基本精神是相符合的，法律應堅持人性本惡，對人不應有過高的要求，拾金不昧雖然高尚，但卻不太現實，反而拾金有酬才能真正勸人向善。

當然，上面所說的贖俘虜的規定，並非常刑，不是通常意義上的贖刑。

秦朝的贖刑制度有新的發展，過去學者們往往認為，"秦嚴法令，故無贖罪之刑"。但從 20 世紀 70 年代發現的《睡虎地秦墓竹簡》看，秦朝的贖刑制度非常廣泛。從贖耐、贖黥、贖刑、贖鬼薪鋈足、贖遷，到贖死，都可贖減。罪人不僅可以用金錢贖刑，還可以用勞役抵贖，也就是"居作"。秦律規定，"日居八錢"，一日的勞役可以折八錢，如果國家供給飯食，則"日居六錢"。

當然，秦朝的贖刑制度有一定限制，並非任何人都可贖減，只有擁有一定的社會身份地位的人才可贖減。秦代定爵二十等，有爵者才可取贖，無爵者必須服刑。

同時，秦律創設了一種新的刑種——罰貲，這應該是最早的罰金制度，它與贖刑的區別在於，贖刑是以金錢或勞役抵罪，而罰貲本身就是一種刑罰，是以罰金或罰徭役作為刑罰本身的內容。秦律的罰貲有好幾種：一是貲布。布是秦的貨幣之一，貲布其實就是罰錢；二是貲財物，它包括貲甲、貲盾；還有一種是貲徭，罰罪人服勞役。

西漢贖刑制度因循秦制，只是範圍有所縮小，一般只限於禁錮坐贓二事，主要針對有一定身份地位的官員使用，《漢書·功臣志》載："民間得買爵及贖禁錮免贓罪"，禁錮是指限制人做官的懲罰，西漢初年曾規定，商人、入贅之人不准做官，犯罪的官吏不准重新做官；坐贓則指官吏利用職權之便非法收受財物的行為。

但在實踐中，這種規定屢被突破，贖刑一度成為國家斂財的手段，據《漢書·惠記》記載："民有罪，得買爵三十級以免死罪"，贖死買爵三十級即可。應劭注曰："一級值錢二千錢，凡為六萬"，花六萬錢就可贖死罪。漢文帝時，為發展農業，勸人務農，大臣晁錯提出著名的"貴粟之道"，"以粟為賞罰，今募天下入粟縣官，得以拜爵，得以除罪"。也就是說百姓向國家繳納的糧食多，就可以得到爵位，或可以免除自己應受的刑罰。交粟多者得爵，是為"賞"，交粟多者免刑，是為"罰"。此舉雖可富國，但實開賣官鬻爵之先河。

漢武帝時，連年征戰，國庫空虛，於是大量適用贖刑，浩侯王恢"坐使酒家矯制害當死贖罪免"；延和四年（前89），候卯嗣"坐與歸義趙王將兵進反虜，到弘農擅棄兵還，贖罪免"。同時將帥出征失利，按律當斬，也在此時被大量適用贖刑，同時武帝還大幅度提高贖命價格，"募死罪入贖，錢五十萬，減死一等"，命價從先前的六萬錢漲到了五十萬。司馬遷正是因為無力交納高昂的贖命費，"家貧貨賂不足以自贖，交遊莫救視，左右親近，不為一言"，只能"伏法就誅"，受宮刑之恥。武帝期間贖刑的氾濫，以至於後人評說"西漢贖罪之法，始於孝武"。

總之，漢朝的贖刑已發展得相當完備，根據罪人不同情況有不同的贖刑方法，並且根據本刑不同，贖金亦有等差，具體有贖錢、入穀、入縑、顧山、居住等形式。漢朝的贖刑另一個特點就是罰金與贖刑完全分開，不再混淆。對於輕微的犯罪可以直接處罰金。

《史記‧長釋之傳》載，有人無意中驚了文帝的馬，文帝怒而欲殺之，廷尉張釋之引令文說："此人犯蹕，當罰金。"當時的漢令的確規定："蹕先至而犯者，罰金四兩。"文帝沒有辦法，只得按張釋之意見辦理。又如漢律規定："諸出入殿門，公車司馬門，乘軺傳者皆下，不如令，罰金四兩"，"無故群飲酒罰金四兩"，"受所監治送財物罰金二斤"，"諸侯在國名田他縣罰金二兩”等。

　　魏晉時期，贖刑仍與罰金並列。魏明帝時《魏律》有贖刑十一等、罰金六等；晉律承繼魏律，“定死罪贖金二斤”，五歲刑至二歲刑逐級以四兩遞減，即五歲刑一斤十二兩，四歲一斤八兩，三歲一斤四兩，二歲一斤。當時的贖刑主要是針對徒刑（年刑）而言，同時，罪人還可以絹贖罪，計算標準是一月一絹，故五歲刑，入絹六十匹，四歲刑四十八匹，三歲刑三十六匹，二歲刑入絹二十四匹。老人小孩和婦女可以減半贖之。晉律稱罰金為“雜抵罪”，也為五等：分別是罰十二兩、八兩、四兩、二兩、一兩。如民間私自釀酒者，處罰金八兩。又《南齊書·徐孝嗣傳》記載：“孝嗣登殿不著韎，為治書御史蔡准所奏，罰金二兩。”可見，判罰金者所犯皆為小過。

　　梁、陳律贖刑與晉制相仿，但全用絹代金。北朝齊周，亦用絹代替，到隋朝改用銅贖，這主要是因為金之珍貴量少，在贖刑大量採用的當時，用金贖刑顯然不太現實，因此統治者採取了一種現實主義的立場。

　　較之漢朝，魏晉南北朝時期對贖刑的限制較多，它主要是作為恤刑手段來運用，一般只針對非惡意犯罪，通常死罪不得贖免。如北齊律規定：“合贖者，謂流內官及爵秩比視，老小闇癃並過失之屬。”隨着贖刑制度的發展，贖刑在一定意義上已經變成一種獨立的財產刑，因此贖刑與罰金也就合二為一，罰金不復存在，南北朝時期，北朝諸律皆未規定罰金，有贖無罰，這一變化保留至清末。

　　到了隋唐時期，贖刑制度發展的更為全面，贖刑制度法律化、制度化，成為後世朝代贖刑制度的典範，具體說來，隋唐的贖刑有以下三大突出特點。

其一，正式將身份特權關係引入贖刑。

法律規定了一系列與身份特權相關的贖減制度。贖刑主要針對有身份者，這在秦漢就有萌芽，兩晉南北朝法律也有類似規定，只是在隋唐時期才得以制度化和系統化。

隋《開皇律》規定：九品官"以上犯者，聽贖。應贖者，皆以銅代絹。贖銅一斤為一負，負十為殿。笞十者銅一斤，加至杖百則十斤。徒一年，贖銅二十斤，每等則加銅十斤，三年則六十斤矣。流一千里，贖銅八十斤，每等則加銅十斤，二千里則百矣。二死皆贖銅百二十斤"。隋朝五刑皆可贖，從笞刑到死刑共有十九等，但只有九品官（相當於今天的科級幹部）以上的罪犯才可贖免。

同時，官品越高，可贖減的額度也越大，《隋律》規定：犯私罪以官當徒者，五品以上，一官當徒二年；九品以上，一官當徒一年。若犯公罪，各加一年當。《唐律》也有同樣規定：五刑均可准予收贖，依本刑之輕重，贖銅從一斤至一百二十斤不等，共十九等。《唐律‧名例二‧應議請減》規定："應議請減及九品以上之官，若官品得減者之祖父母、父母、妻子、子、孫犯流罪以下，聽贖。"其中七品以上官的近親屬（祖父母、父母、妻子、子、孫），五品以上官員的姜室可以用錢贖罪。

其二，贖刑只針對罪行較輕的行為。

隋唐兩朝，皆規定"十惡"之罪不得贖免，贖刑一般適用於流罪以下，贖死刑僅適用於疑罪，一般只有過失等輕罪才可適用贖刑。

唐律規定有五種流刑不適用贖刑：一是加役流，這主要是由唐初斷趾之刑轉化而來的流罪；二是反逆緣坐流，即因謀反而誅連的流放者；三是子孫犯過失流，即因為意外殺害祖父母、父母者；四是不孝流，即聞父母喪，匿不舉喪，或者參與告發祖父母、父母，或者詛咒祖父母、父母等不孝順的行為；五是會赦猶流者，即犯死罪被赦死從流者。另外，過失殺傷尊親屬，故意鬥毆，男夫犯盜、婦人犯姦等罪行，雖判徒刑，也不能贖免。

其三，恤刑手段制度化。

贖刑恤刑之功用，早已有之。從漢武帝開始，女子犯罪，除傷害罪外，罪人都可放歸，出錢僱人服役；《晉律》也規定：“其年老小篤癃及女徒，皆收贖。”這種體恤弱者，慎刑恤罰的原則，在隋唐發展完備，開始制度化。此後歷朝，對老、幼、疾、婦女皆有贖刑之規定。

《唐律》在此方面可謂集大成者。《唐律》規定：年紀在七十歲以上，或者十五歲以下的，或者殘疾人（廢疾：癡啞、腰脊折，一肢廢）犯流罪以下都可用贖刑；年紀在八十以上，或者十歲以下的，或者患重病（篤疾：惡病，兩肢廢、兩目盲），犯反、逆、殺人、盜竊、故意傷害等罪本應該判處死刑的，經過皇帝批准也可用贖刑。這些規定直到今天都有借鑒意義。

宋、元、明、清各朝基本延續了隋唐的規定，其中尤以明朝贖刑制度最為發達與煩瑣。

明之贖刑不限身份，不限刑級，不限錢財且對同一刑罰有多種贖法供罪犯選擇。

明代的贖刑有兩種。一是律贖，即“律行收贖”，這是法典明文規定的贖刑，這種贖刑非常嚴格，必須嚴格按照法律，司法官員無敢損益；二是例贖，即"例得收贖"，這是依照成例收贖，這種贖刑沒有嚴格的規定，經常是因時權宜，先後互異，標準不一。

律贖者稱"收贖律鈔"，例贖者稱"贖罪例鈔"。

對律贖者，司法官員必須依律行事，只要囚犯具備法律規定的贖刑標準，就必須贖免，《大明律》規定："應收贖而決配，各依出入人罪，減故失一等。"不按律規，應贖而不贖者，法官要受刑事處罰。

對例贖者，司法官員主要依據各朝成例，自由裁量權相對較大。明代贖刑的方式很多，如納銅、納鈔、納銀、納米、納草、納豆、納馬、運炭、運磚、運水、做工、輸做等，多根據官方需要因事制宜、權宜變更，如宣德年間，曾讓罪囚發天壽山為皇家種樹。

罪犯是否判贖刑以及判何種贖刑的一個重要標準是其經濟實力，根據是否具備贖刑的經濟能力，明朝將罪囚分為"有力""稍有力"或"無力"，但這含混的標準讓很多法官為了增加贖刑收入，將"無力者"判為"有力"，也有些人為了逃避經濟負擔，寄希望於在充軍或徒刑途中逃跑者，"有力者"也謊稱"無力"。

為了約束司法官員權力，明弘治十三年（1500）修訂《問刑條例》，對"例贖"加以制度化。正式定"例贖"的方式為"在京"和"在外"。京罪囚"有力者"可納米、納草、納豆、納馬、運炭、運磚、運水，"無力者"可做工，並可折銀贖罪。在外罪囚分"有力""稍有力"或"無力"三種，"有力者"納米穀，"稍有力者"按照做工的具體數目折合銀兩贖罪，"無力者"可以擺站、撩哨贖罪。

為了保證贖刑的履行，明朝還創設了"擔保""追比"和"監追"制度。如果罪犯經濟困難，一時無法立即交納贖刑財物，可先採取"擔保"的方式催繳，如果罪囚逃走，可以追究保人的責任。如《世宗實錄》載："男子徒罪以上，或贓數太多及婦人重刑、逃脫者許囚禁，其餘罪可收贖，聽令保外自便。"

　　明人馮夢龍《醒世恆言》中有一篇《陸五漢強留合色鞋》的故事，中間就有"擔保"贖刑的記載：陸五漢在其母陸婆、鄰人張蓋的協助下，騙姦良家女子潘壽兒，姦情敗漏，遂殺潘壽兒父母潘用夫婦。陸五漢所犯罪屬"十惡"，不許贖，判斬罪。陸婆說誘良家女子，依律問徒。張蓋亦問徒罪，但可召保納贖。若罪囚在擔保期限內不能足額交納財物，有司可以催逼罪囚交納，稱為"追比"。"追比"一般為三次，負責追比之差役也要承擔責任，"追紙贖三限不完者，先令（差役）賠完"，以督促差役嚴屬"追比"罪囚本人。如果"追比"還是不行，那就有可能採取最嚴屬的"監追"方式，即將罪囚羈押，催促其完納。

二、贖刑利弊議

　　圍繞贖刑，歷代褒貶不一。

　　肯定者認為贖刑好處多多。

　　其一，贖刑乃寬恤之政，符合儒家"明德慎罰"之說。元馬端臨在《文獻通考》中對贖刑之制持肯定態度，他認為贖刑"哀矜惻怛之意"，一貫偏好重刑主義的明太祖朱元璋在晚年也把贖刑看為德政，認為："善為國者，惟以生道樹德，不以刑考立威。"

其二，贖刑可以防止犯罪。贖刑可以利用人的"欲利之心"而防止犯罪。《呂刑》說贖刑"罰懲非死，人極於病"，雖不執行應罰之刑，但強制交納財物，也可讓人感到懲罰之痛，抑制犯罪。馬端臨也認為："蓋財者人之所甚欲，故奪其欲以病之，使其不為惡耳，豈利其貨乎？"

其三，贖刑可解決國家財力之匱乏。司馬遷就對管仲"使以甲兵贖"的制度大加讚賞，認為他"任政於齊，齊桓公以霸，九合諸侯，一匡天下，管仲之謀也"。

反對者針鋒相對，他們認為贖刑弊端太多。

其一，贖刑與儒家"重義輕利"思想相背。西漢宣帝時，京兆尹張敞以討伐羌兵，軍費不足，建議入穀贖罪之制。結果遭到諸多大臣的反對，其中最著名的是蕭望之的觀點，他認為："民函陰陽之氣，有好義欲利之心，在教化之所助。堯在上，不能去民欲利之心，而能令其欲利不勝其好義也；雖桀在上，不能去民好義之心，而能令其好義不勝其欲利也。故堯、桀之分，在於義利而已，道民不可不慎也……"

其二，贖刑導致貧富異刑，"如此則富者得生，貧者獨死，是貧富異刑而法不一也"。

其三，贖刑可能導致重新犯罪。犯罪者為了籌集贖刑費用，可能會鋌而走險，再次犯罪，所謂"人情，貧窮，父兄囚執，聞出財以得生活，為人子弟者將不顧死亡之患，敗亂之行，以赴財利，求救親戚。一人得生，十人以喪……以死救生，恐未可也。"

在筆者看來，贖刑制度具有歷史的合理性，在刑罰異常殘酷的古代社會，贖刑的寬恤功能功不可沒，它畢竟對刑罰的嚴苛有所緩和，為肉刑轉變為自由刑提供了平台，體現了刑罰從野蠻向文明的進化規律。其次，贖刑造成的貧富異刑雖是事實，但這並非贖刑本身的錯誤，而是社會階層的不平等所造成的，這點沈家本的評說可謂公允，他說："國家立法，但問其當於理否耳，苟當於理，則法一而已，只論罪之當贖不當贖，不能論其人之富與貧。富者之得生，法如是，非辜也；貧者之不能自贖，貧者之不辜，非法使之也，且果為疑赦者，法亦必有以濟其窮，何至忍視其受刑哉。"在法理上，贖刑並沒有錯誤，錯只在社會現實的不平等，導致了刑罰適用上的實際的不平等，這種不平等在現代的法律中也是存在的。

當然，用當代眼光來看，贖刑的缺點是顯而易見的，贖刑對於重罪採罪疑從輕原則，這種做法雖然減緩了刑罰的殘暴與任意，但它所暗含的有罪推定色彩還是與現代法律精神相悖；另外，贖刑實際適用的不平等雖在法理上無虧，但它畢竟與不平等的社會現實同流合污，為虎作倀，予人以錢贖罪的口實，不符合現代社會所倡導的平等理念。因此，延續數千年的贖刑制度也就不可避免地改弦易張。

取而代之的是什麼呢？那就是曾經被拋棄的罰金制度。清末修律，頒佈《大清新刑律》，仿效西方國家的刑罰體系，定刑罰為主刑與從刑。主刑有死刑、無期徒刑、有期徒刑、拘留、罰金五種；從刑為褫奪公權、沒收兩種。

1997 年通過的《中華人民共和國刑法》規定，也將罰金刑作為一種正式的附加刑。罰金與贖刑的不同是顯而易見的，前者是一種獨立的懲罰，而後者只是一種代替刑。罰金主要是針對輕微的犯罪適用，它能夠很好地遏止財產類的貪利犯罪，同時罰金本就是一種獨立的懲罰措施，無論是單處罰金，還是並科罰金，都不存在以錢贖罪的嫌疑。在單處罰金的情況下，犯罪往往較輕，沒有必要判處自由刑，對輕罪因為害怕以錢贖罪而判處自由刑，反而是違背罪刑均衡原則的；在並處罰金的情況下，更是不會出現以錢贖罪的情況。因此，南北朝時期就被拋棄的罰金重被拾擢，也算是舊瓶裝新酒，否定之否定原則的另一個注腳。

第八章

誅連無辜

因一人犯罪而牽連無辜他人，這種刑罰制度叫作誅連。一般說來，誅連又包括族誅與連坐。所謂族誅，是指一人犯罪而夷滅其族，其中包括族滅、夷滅三族、夷滅九族等，它們都屬於死罪的一種執行方式。所謂連坐，則是指一人犯罪而誅連他人，誅連者不限親人，朋友、同族、鄰里和上下級等都可被誅連。受誅連的除受死刑處，還可包括肉刑、徒刑、笞杖刑等各種刑罰，因此連坐的含義比族誅更加廣泛。

一、族誅

族誅是一種殘酷的刑罰，它深受宗法倫理思想的影響。中國古代強調家族倫理觀念，於是統治者就試圖用斷子絕孫的手段來警告人們不得輕易觸犯法律。

梱《尚書》記載，夏啟和商湯在出征之前，曾訓令威脅部下，要求他們在戰爭中聽從命令，否則就會"罪人以族"，將犯者連同其子一起處死，這可以看成是族誅在文獻上的最早記載。但是，正式實施族誅之法的卻是春秋時期。據《史記·秦本記》記載，秦國第四代國君秦文公在文公二十年（前 746），"法初有三族之罪"。除秦國外，其他諸侯國也不乏族刑之例。

據《春秋》記載，當時有不少貴族在政治鬥爭失敗後都被"滅族"。典型的如晉靈公時期的趙盾事件。文臣趙盾與武臣屠岸賈不和，屠岸賈遂設計陷害趙盾，在靈公面前指責趙盾謀反。趙盾因此被滅族，滿門抄斬，其子趙朔當然也未能幸免。但趙朔之妻為晉靈公胞妹莊姬公主，因此並未遇害。趙朔被殺後，晉靈公把莊姬公主接進皇宮。當時，莊姬公主已然有孕，進宮後，生下一子取名趙武。莊姬公主恐嬰兒也遭殺害，由門客程嬰扮作醫生將嬰兒裝在藥箱之內，偷偷帶出宮去。十五年後，趙武方知自己是趙家後代，立志報仇雪恨。這就是《趙氏孤兒》——中國十大古典悲劇之一——的歷史出處。具有諷刺意味的是，在趙氏滿門被誅，參與發兵絞殺趙家的晉國主政大臣欒書，死後其家人也遭同樣厄運。史書上記載，欒氏隨後亦被排擠，後來晉"盡殺欒氏之族黨"，欒氏五世為卿，自此覆亡。

戰國時期，族誅開始走向制度化，其中尤以秦國商鞅變法為代表。商鞅為法家代表，崇尚"以刑去刑"的重刑主義立場，將誅連制度法典化。《前漢書》謂："秦用商鞅，造參夷之誅。"所謂"參夷"，也就是誅三族。不過，讓人感謂的是，商鞅後來亦遭極刑。秦孝公突然去世，即位的秦惠文王以意欲謀反為名下令逮捕商鞅。商鞅逃至邊境，因沒有公函證明，被客店拒之門外。店家告訴他，這是"商鞅之法"。商鞅逃往魏國，被魏國拒絕入境。此前，商鞅曾攻打魏國。商鞅想回封地抵抗，但軍隊直接歸中央指揮，自己無權調動，而這也是"商鞅之法"。最後，商鞅被處以車裂之刑，全家遭到族滅。可謂作繭自縛，自作自受。

商鞅變法之後，秦國的刑法，不僅有誅三族，甚至還發展到誅七族。刺殺秦始皇未遂的荊軻，其七族皆被誅殺，以至後世鮮有荊姓之人。何謂七族？一種解釋是："上至曾祖，下至曾孫。"另一種解釋是："父之姓，姑之子，姐妹之子，女之子，母之族，從子及妻父母，凡七族也。"無論哪種解釋，犯罪者的親屬幾乎誅殺殆盡，其殘忍性簡直駭人聽聞。

及至秦朝，族誅制度已經系統化。根據罪行的嚴重性，大致可以分為"夷三族"和"族滅"。前者大都是謀反重罪。如曾經翻雲覆雨，一人之下，萬人之上的秦宰相李斯，最後就是被趙高誣為謀反，被秦二世夷其三族。這裏的"三族"究竟是哪三族，歷史上一直眾說紛紜，有說是父母、兄弟、妻子；有說是父族、母族、妻族；也有說是父、子、孫；還有說是父親的兄弟、自己的兄弟、兒子的兄弟。無論如何，這種刑罰都是處死犯罪人一定範圍內的全部親屬。後者的罪行則相對較輕。比如秦始皇在下令焚書坑儒時曾謂"以古非今者族"，此"族"正是指"族滅"，被殺之範圍大致就是罪人的妻子和子女。至於"夷七族"，則是法外用刑的一個典型，封建皇帝皇權不受約束，生殺予奪，隨心所欲，可見一斑。其實，無論是"族滅""夷三族"甚至"夷七族"，本身都是極具任意性的濫刑。它並沒有嚴格的界限和適用標準，"族""三族""七族"並沒有明確定義，只要最高統治者認為罪大惡極，欲斬草除根，殺之後快，他就可以興之所發，任意擴大範圍。

殘酷的刑罰、暴虐的統治使得秦朝自食惡果，二世即滅，第一個封建王朝僅僅十五年就迅速土崩瓦解，始皇登基之時幻想着其子子孫孫永享千秋霸業的夢想被現實擊得粉碎。他做夢也沒想到，辛辛苦苦創立的統一帝國居然會落在亭長出身的劉邦手中。

秦亡以後，西漢統治者吸收前朝教訓，曾採取一系列減輕刑罰的措施，但仍然保留族誅之刑。

據《漢書·刑法志》所講：漢興之初，雖有約法三章，法網疏漏，但仍保留夷三族之法。被判處"夷三族"之人，首先要"具五刑"，也即要混合使用肉刑、恥辱刑、死刑等多種刑罰。具體而言，罪人額上先被刻字染墨，割掉鼻子，斬掉左右腳趾，杖斃罪人，懸頭示眾，並將身體當眾剁成肉醬。如果罪人膽敢詛咒辱罵，那麼行刑之前還要被割舌，該刑罰之殘酷，令人髮指，而大興誅殺功臣風氣之先的劉邦就是將彭越、韓信以此刑論誅的。

《史記‧高祖本紀》還記載了一個經典的"夷三族"案例，即漢初趙相貫高謀反案。此事緣起於漢高祖十一年（前196）陳豨在代地謀反，高祖前去誅討，途經趙國。劉邦與趙王張敖有翁婿之親，於是張敖親自侍候老丈人劉邦並卑恭有禮，但劉邦的架子太大，傲慢地平伸開兩條腿，當面責罵趙王，很不給女婿面子。結果趙相貫高、趙午等人就看不下眼了，他們覺得劉邦簡直欺人太甚，認為趙王不能如此窩囊，於是勸趙王殺掉蠻橫無理的劉邦。但趙王卻勸止手下，並說自己的一切都是仰賴劉邦才得到的。張敖當時咬破自己的指頭，慨然道："我的父親失去了國家，沒有陛下，我們會死後屍體生蛆無人收屍，你們怎麼能說這樣的話呢？不要再說了！"貫高等人才意識到趙王並非怯弱，而是一位忠厚長者，不肯背棄皇上的恩德。但他們仍決定瞞着趙王刺殺劉邦。漢八年（前201）劉邦再次經過趙國，貫高等人在一個名叫"柏人"的地方安排了刺客。可是他們運氣實在太差，也許老天也在幫助劉邦，劉邦不知怎麼就覺得柏人這個地名不吉利，因而沒有留宿，於是幸免於難。此事後被告發，於是趙王和貫高等人均被逮捕。

據《史記‧田叔列傳》記載：事發後，趙午等謀劃刺殺之人皆自殺，唯獨貫高例外，願被囚系。劉邦當時下詔，趙國群臣賓客有敢跟從趙王進京的就要被處以誅三族之刑。但孟叔、田叔等十餘人穿着赤褐色的囚衣，自己剃掉頭髮，頸上帶着刑具，自稱趙王的家奴跟隨趙王張敖到了長安。貫高之所以不自殺，是說明謀反之事與趙王沒有絲毫干係。貫高在長安受到嚴刑拷打，但仍堅持趙王沒有參與。後來劉邦讓貫高的知交泄公私下去問實情，貫高回答說：「人情寧不各愛其父母妻子乎？今吾三族皆以論死，豈以王易吾親哉！顧為王實不反，獨吾等為之。」此事因為最終得到證實，趙王得出，貫高自殺，三族被誅。

劉邦死後不久，呂后曾一度廢除「夷三族」之刑。漢文帝劉恆即位之初，也曾宣佈廢除此刑。但後來，由於新垣平欺騙文帝，文帝大為光火，於是恢復此刑。新垣平何許人也？他乃一術士，因為劉恆好鬼神之事，於是投其所好，自稱善於「望氣」。一次他對劉恆說，長安東北有神，結成五彩之氣，好像人戴的帽子。於是，劉恆就下令在渭陽修建五帝廟。建成後，劉恆到五帝廟祭祀五帝，對新垣平倍加寵幸，封為上大夫，賞賜黃金一千斤。後來有人檢舉新垣平所說都是在欺騙，被查證屬實，文帝一怒之下，遂決定將新垣平「夷三族」。這樣「夷三族」又得以恢復。後世有人因為新垣平一事，認為乃文帝盛德之玷。

「夷三族」之刑到曹魏時期有一些變化，其突出表現就是已嫁婦女不再緣坐父母之刑。魏正元二年（255）。毌丘儉起兵反對輔政大臣司馬師（司馬懿之子，其弟為司馬昭。後其侄司馬炎代魏稱帝，建立晉朝，追尊其為景帝），兵敗被殺。當時法律規定，謀反要被「夷三族」，毌丘儉的兒媳荀氏也在誅殺之內，但荀氏家族與司馬家族有聯姻關係。為了救出荀氏，司馬師遂要求魏帝下詔，允許荀氏與夫離婚。但是荀氏之女毌丘芝雖然已嫁人，但作為毌丘儉的孫女仍然要被處死，只是因為毌丘芝已經懷孕，被關押在監，等待分娩之後被處死。其母荀氏多方營救，最後向擔任司隸校尉的何曾求情。於是何曾授意下屬主簿程咸上書朝廷，稱：婦女在父母有罪和丈夫有罪時都要緣坐處死，這不太公平，所謂"男不得罪於它族，女獨嬰戮於二門"，"一人之身，內外受辟"。為此建議朝廷修改法律，未婚女子只緣坐父母之罪，出嫁後只緣坐夫家之罪，朝廷接受了這個建議，於是修改法令，規定誅連不及於出嫁之女。

西晉時，此刑又有所改變。惠帝永康元年（300），解結被人誣告，當夷三族，其女恰好次日出嫁。夫家欲援引"嫁女不坐"的法律救她一命，讓她提前一天過門。但解女因家事傷心欲絕，說"家既若此，我何活為！"決定與家人同赴刑場，這引起輿論一片同情。於是朝廷又一次修改法令，規定女子無論嫁否，誅連一律不再處死，只是沒為奴婢。

東晉初年，"夷三族"曾被廢止。比如《東海王越傳》記載，晉懷帝即位後，司馬越執政，當時清河王司馬覃勢力周穆、諸葛玫試圖說服司馬越廢懷帝，立司馬覃，遭拒絕後被殺，但此大逆不道之罪僅僅罪及己身，"及懷帝即位，委政於越。吏部郎周穆，清河王覃舅，越之姑子也，與其妹夫諸葛玫共說越曰：'主上之為太弟，張方意也。清河王本太子，為群凶所廢。先帝暴崩，多疑東宮。公盍思伊、霍之舉，以寧社稷乎？'言未卒，越曰：'此豈宜言邪！'遂叱左右斬之。以玫、穆世家，罪止其身，因此表除三族之法。"其實在此前，對於士族高門來說，也大多未實行三族之法。更為典型的例子是明帝時大將軍王敦謀反，事平後，其家族成員也並未牽連。

在筆者看來，究其實質，主要是因為東晉特殊的政治結構。以王敦謀反為例，當時司馬氏皇權不穩，必須依仗門閥士族的支持，而王氏家族在當時實力最強，時人皆稱"王與馬共天下"。

所以晉元帝司馬睿對於王敦謀反只能忍氣吞聲，王敦初次引叛軍入都城建康，司馬睿甚至有退位讓賢之意。待到司馬睿駕崩，其子晉明帝即位，王敦再次起兵謀反，雖然王敦兵敗病死，但王敦家族成員仍安然無恙。這是因為當時宰相王導（王敦族弟）仍然穩控朝中大權，皇帝也奈何不得，所以只能聽之任之、網開一面了。事實上，王敦謀反，王導甚至參與其中。王敦初叛入京，殺朝臣周伯仁、戴淵都曾咨詢於王導。王導後來還假惺惺地說"吾不殺伯仁，伯仁由我而死，幽冥之中，負此良友"。後來王敦再叛，王導也曾密告軍情。因此，東晉初年，"夷三族"刑罰之所以閒置，並非統治者的寬大仁慈，而更多是因政治力量角逐的結果。當明帝站穩腳跟，藉助實力強大的將軍郗鑒牽制王氏家族，遂於太寧三年（325）又"復三族刑"。當然，此時該刑仍不及婦人，這也算是對前朝律法的一種尊重，間接上緩解了族誅之刑的殘忍性。

此後，族誅逐漸走向規範化，僅限於謀反、大逆等反對皇帝的罪名，女性誅連只被罰沒為奴的司法慣例也被後朝法典所吸收。南朝梁天監二年（503）制定新律令就明確規定："謀反、降叛、大逆已上皆斬。父子同產男，無少長皆棄市。母妻姐妹、及應從坐棄市者妻子女妾，同補奚官為奴婢。"北魏亦規定："大逆不道腰斬，誅其門籍，年十四已下腐刑，女子沒縣官。"根據法律規定，僅父子從坐棄市，女子僅被沒為奴婢。隋朝定《開皇律》時，也只規定"大逆謀反叛者，父子兄弟皆斬，家口沒官"。顯然，在法典的正式規定中，"夷三族"的範圍已明顯縮小，當罪人謀逆，僅父親、兒子、兄弟被誅殺。

但是，封建帝王"口含天憲，朕即法律"，並不受法律的約束。荒淫無道、殘暴至極的隋煬帝楊廣甚至發明了"誅連九族"之刑！《隋書‧刑法志》稱："及楊玄感反，帝誅之，罪及九族。"《唐六典》對此亦有記載：煬帝"末年嚴刻，生殺任情，不復依例。楊玄感反，誅九族，復行裂首，磔而射之。""生殺任情，不復依例！"寥寥八字，楊廣的殘酷以及皇權的廣無邊界，被勾畫得淋漓盡致。九族者，一說認為上至高祖，下至玄孫。而按王應麟《小學紺珠》的說法，則指"九族者，外祖父、外祖母、從母子、妻父、妻母、姑之子、姐妹之子、女之子、己之同族也"。總之，一切親屬盡在誅殺之列。誅連之廣，令人不寒而栗！至楊廣始，"誅連九族"正式進入漢語詞匯。

唐朝統治者吸收隋亡教訓，極大地限制了族誅的範圍。《唐律》規定，僅"謀反""大逆"兩罪適用族誅。其誅殺範圍為"父子年十六以上一同處死，其他親屬均免死刑"。罪人謀逆，兄弟也不再被誅。

唐太宗時，房強因弟弟房任謀反而將被處死，死刑判決建議到了太宗手上，他覺得情有不安，命令官員詳議此事，"反逆有二：興師動眾一也，惡言犯法二也。輕重固異，而均謂之反，連坐皆死，豈定法耶？"房玄齡等議曰："禮，孫為父屍，故祖有蔭孫令，是祖孫重而兄弟輕。"於是法律出現變化，"……令反逆者，祖孫與兄弟緣坐，皆配沒；惡言犯法者，兄弟配流而已"。這表明，謀逆罪人僅父子受死，祖孫兄弟不再從坐被誅，只被罰沒為奴流放之。

貞觀十七年（643），刑部以這種規定太輕，要求恢復夷族之法。當時的給事中崔仁師駁斥說："古者父子兄弟罪不相及，奈何以亡秦之酷法變隆周中興？且誅其父子，足累其心，此而不顧，何愛兄弟？"唐太宗採納了他的觀點。

但是，在實際層面上，法律的規定卻被屢屢突破，武則天時期著名的酷吏來俊臣被誅殺時，"國人無少長皆怨之，竟剮其肉，期須盡矣"，屍骨被踐踏如泥。則天皇帝又下詔曰："宜加赤族之誅，以雪蒼生之憤。"赤族之誅，就是滿門抄斬，一個不留。古時多數代同堂，兄弟同居，赤族之誅顯然不止來俊臣父子受死。又據《新唐書·酷吏傳》記載："楊慎矜兄弟皆賜死，誅連數十族。"楊慎矜、楊慎餘、楊慎名兄弟皆為隋帝楊廣的嫡系玄孫，也不知道這種族誅是否與楊廣有關。

時至明、清，封建王朝已開始衰敗，逐漸走向末途，集權專制愈加強化。其族刑誅連的範圍得以擴大，這更以明朝為甚。明太祖朱元璋毫不掩飾自己對重刑主義的偏好，他所授意制定的《大明律》加重對"謀反""大逆"等罪的懲罰，罪人不僅本人凌遲處死，其祖父、子、孫、兄弟及同居之人，不分異姓，及伯叔父、兄弟之子，凡年十六以上一律處斬。這種規定，較之前朝，嚴苛太甚。在朱元璋時期，族誅的最大對象就是有功之臣。飛鳥盡，良弓藏，狐兔盡，走狗烹，朱元璋極盡能事誅滅功臣，他借"胡（惟庸）獄"和"藍（玉）獄"，幾將開國功臣一網打盡，殺戮功臣之慘烈，千古所未有。胡惟庸為明初丞相，深得朱元璋的寵信，因而恃寵而驕，專權跋扈，朝中有人命生死及官員升降等大事，往往不奏徑行。對於不利於自己的奏折，則匿而不奏。很多鑽營之徒莫不爭相投其門下，奉獻金帛財物，不可勝數。

洪武十三年（1380），朱元璋以擅權枉法的罪狀誅殺胡惟庸，又殺御史大夫陳寧、御史中丞塗節等數人。十年之後，到洪武二十三年（1390），朱元璋又以胡黨為題大開殺戒。太師韓國公李善長被賜死，時年已七十六歲，家屬七十餘人被殺。同時被殺者，又有陸仲亨等列侯多人。總計先後誅連蔓延被殺者共三萬餘人，可謂前無古人。

此後，朱元璋又興藍玉黨大獄。藍玉為朱元璋愛將，驍勇善戰，立下無數戰功，被封為涼國公。但後來驕奢淫逸，橫行無道。洪武二十六年（1393），藍玉被告謀反，連坐被族誅達一萬五千多人。

但即便如此殘酷的刑罰，卻也無法滿足嗜殺成性、心胸狹隘的明成祖朱棣近乎病態的迫害欲。方孝孺案將族誅的殘忍推向了極限，朱棣因其所發明的駭人聽聞的"誅十族"而被永遠打入暴君名列。

明惠帝（建文帝）時，燕王朱棣以"清君側"為借口起兵南下，最終攻入京城，推翻惠帝，自立為帝。朱棣入京後，立即着手誅殺建文帝舊臣，並清宮三日，誅殺宮人、女官以及內官上萬人。當時大儒方孝孺因主修《太祖實錄》《類要》等重要典籍名高一時。朱棣的謀士姚廣孝曾在北平時對他講，方孝孺是天下"讀書種子"，絕不可殺。

朱棣為了向天下正名，欲借方孝孺之名起草自己的繼位詔書。但方孝孺寧死不屈，拒不合作。當朱棣說："詔天下，非先生不可。"方孝孺卻奪過詔紙，在上大書"燕賊篡位"數字，擲筆於地，邊哭邊罵道："死即死耳，詔不可草！"朱棣怒急，威脅道："汝獨不顧九族乎？"方孝孺大喝："便十族，奈我何！"朱棣盛怒之下，命衛士用大刀把方孝孺嘴唇割開，一直劃裂到耳邊。然後，將其九族親眷外加門生數人，湊成十族，共八百七十三人，依次碎剮殘殺於方孝孺面前。

史書記載，當殺到方孝孺之弟孝友時，孝孺看着弟弟，淚流滿面。孝友反而安慰哥哥說："阿兄何必淚潸潸，取義成仁在此間。華表柱頭千載後，旅魂依舊到家山。"方孝孺最後被凌遲，時年四十六歲。孝孺臨刑前曾做絕命詩曰："天降亂離兮孰知其尤，奸臣得計兮謀國用猶。忠臣發憤兮血淚交流，以此殉君兮抑又何求。嗚呼哀哉，庶不我尤！"

對於方孝孺案，《明史》謂："轉相攀染，謂之瓜蔓抄，村里為墟。"這意思是說，殺人就像拉瓜藤，瓜互相牽連，故稱瓜蔓抄。後人曾有詩，感慨道："一個忠成九族殃，全身達害亦天常，夷齊死後君臣薄，力為君王固首陽。"雖說後人都道孝孺迂腐愚忠，書讀癡了，以至連累親朋，但放在當時的歷史情境，君臣之義，為人之大道，孝孺可謂殺身成仁，其忠心耿耿，也不失為當時讀書人的典範。

《明史紀事本末》記載，惠帝兵部尚書鐵鉉被逮至京，堅持以背面對朱棣，不屑正面看他，被割掉耳鼻，還是絕不轉身。朱棣派人割掉鐵鉉耳鼻，在熱鍋中燒熟，然後硬塞入這位忠臣口中，問："此肉甘甜否？"鐵鉉厲聲回答："忠臣孝子之肉，有何不甘！"於是凌遲致死，罵聲不絕。朱棣隨後讓架上大鍋，油燒熟後將屍骨投入而成焦炭；讓屍骨朝上，卻始終不能；又讓內侍用十幾根鐵棒夾住，才強翻過來。朱棣笑道，"你今天也朝我耶！"沒想話聲剛落，鍋中油濺起丈餘，那些內侍的手都被燙傷而棄棒，"屍仍反背如初"。怨恨之下，朱棣又把鐵鉉八十多歲的老父老母投放海南做苦役，將其兩個十來歲的兒子虐殺。

在建文帝舊臣中朱棣最恨的是太常寺卿黃子澄。朱棣審他時，他鄙視道，"殿下以兵力取富貴……況富貴瞬息，何足重輕！”朱棣將他宗族老少65人、妻族外親380人全部押來，“哀號震天”，讓他把自己的罪寫在紙上，他寫道：“本為先帝文臣，不職諫削藩權不早，以成此凶殘。後嗣慎不足法。”朱棣先砍他雙手，又砍他雙腿，當即凌遲；全家老少斬首。朱棣虐殺建文帝舊臣及家屬共一萬多人，歷朝歷代異姓相伐相殺，從未有如此屠戮舊臣的舉動。

因此，清人谷應泰歎曰：“嗟乎！暴秦之法，罪止三族；強漢之律，不過五宗……世謂天道好還，而人命至重，遂可滅絕至此乎！”更為惡劣的是，朱棣還將建文帝忠臣之妻女送入教坊司充當妓女，並下令每天由二十個精壯士兵漢子輪姦，生下男子代代為奴，生下女孩代代為娼，死後便“着抬出城門餵狗吃了”。這種狠毒與奸惡真是前所未有，“古者但有刑誅，從無玷染。”朱棣此舉，簡直非人類所為，難怪谷應泰說他“此忠臣義士尤所為直髮衝冠，椎胸而雪涕者也！”直至二十二年後，明仁宗朱高熾（朱棣之子）繼位才下詔：“建文諸臣家屬在教坊司、錦衣衛、浣衣局及習匠、功臣家為奴者，悉宥為民。”

清律在族刑上完全照搬明律，在具體執行上甚至更為寬濫。其中尤以大興文字獄，濫用族刑，為史家所詬病。按清律，凡謀反者和共謀，主犯凌遲處死，三代內父、子、兄弟及同居之叔伯兄弟及子中16歲以上男子全部斬首，不滿16歲的男童閹割後罰為奴，母、妻、妾、姐、妹、不論長幼全部罰為奴。而文字獄的犯人無一不是謀反罪。號稱盛世的康、雍、乾三朝興文字大獄竟達七八十起之多，挖空心思、捕風捉影，誅連之廣泛，處理之殘酷，讓人匪夷所思。

清朝最著名的文字獄有兩起：一起是康熙二年（1663）的“莊

廷鑨明史案"。此事緣起吳興富戶莊廷鑨購得明大學士朱國楨的明史遺稿，邀名士加以編輯，同時增補明天啟、崇禎兩朝之事，定名為《明書》。書中多有犯忌之處，如稱康熙的曾祖努爾哈赤為建州（明朝地名）都督，指斥明將降清為叛逆，不著清朝年號，卻用南明永曆等朝的年號。同時揭露了清朝入關大肆殺戮，屠城殘民的諸多劣跡。書成之後，莊廷鑨死，其父莊允城為之刊行。不料有人告發，莊允城被逮入京死於獄中，莊廷鑨被掘墓開棺焚骨，凡作序者、校閱者及刻書、賣書、藏書者均被處死，先後因此獄牽連被殺者達 72 人，被充軍邊疆者達幾百人。

另一起是《南山集》案。康熙四十九年（1711），翰林院編修戴名世的《南山集》，由於不用清朝年號，並揭露康熙殺掉明太子的真相，戴名世被凌遲處死，戴平世斬立決，其祖父、父、子孫、兄弟及同居不分異姓及伯叔父、兄弟之子，不限籍之同異，十六歲以上不論是否殘疾，斬立決，被誅殺者共計三百多人。戴名世的母女、妻妾、姊妹之子妻妾，以及其十五歲以下子孫，伯叔父，兄、弟之子，發給付功臣之家為奴。清朝殘暴的文化專制政策，令人毛骨悚然。曾任大學士，執掌翰林院的梁詩正甚至總結出了這樣的經驗："不以字跡與人交往，即偶有無用稿紙，亦必焚毀。"知識分子只能脫離現實、皓首窮經。龔自珍敘及此事，稱之"避席畏聞文字獄，著書全為稻粱謀"。意思是說一談到文章方面的事，我就趕緊走人，別惹禍上身，寫書純粹是為了混口飯吃。

清朝鉗制思想、堵塞言路、摧殘文化簡直空前絕後，而這也為清朝的覆滅埋下了伏筆。

二、連坐

連坐又稱相坐、緣坐、從坐，它與族誅相似，都是一人犯罪牽連他人。遭連坐者可被處以各種刑罰，死刑、肉刑、徒刑、流刑不等，皆因時因事而異，其範圍遠比族誅廣泛。上述明清族誅案件，如果仔細推敲，其實不少當屬連坐，因為族誅的殺戮對象大多是親屬，而在這些案件所殺戮之人並不以親屬為限，而且所牽連之罪也不限於死刑，如有被閹割為奴的，有充教坊司為妓的，有流放邊疆充軍的等等。

連坐在中國歷史上由來已久，《周禮》說："令五家為比，使之相保"，"相保相受，刑罰相共"，這當是最早有關連坐的記載。

將連坐制度化的是秦孝公年間的商鞅變法。《史記·商鞅傳》記載："令民為什伍，而相牧司連坐。不告姦者腰斬，告姦者與斬敵同賞，匿姦者與降敵同罰。"《史記·索引》說："牧司謂相糾發也。一家有罪而九家連舉發，若不糾舉，則十家連坐。"一人犯罪，九家同罰，也不論他們是否有親屬關係，這種懲罰顯然比族誅的範圍寬多了。當時，太子違犯新法，商鞅對太子師傅用刑也是連坐之範例。

戰國時期，不僅秦國，其他國家也都實行連坐制度。比如《史記·趙奢傳》載：當時趙王欲以趙括代廉頗。趙括母上書，言括不可使。王曰："何以？"對曰："始妾事其父，時為將，身所奉飯而進食者以十數，所友者以百數，王及宗室所賞賜者，盡以與軍吏士大夫；受命之日，不問家事。今括一旦為將，東鄉而朝，軍吏無敢仰視之者；王所賜金帛，歸藏於家，而日視便利田宅可買者買之。王以為如其父，父子異心，願王勿遣！"王曰：

"母置之，吾已決矣！"母因曰："即如有不稱，妾請無隨坐。"趙王許之。從這段記載可以看出，當時各國皆有連坐之刑。

戰國時期，還有一種"連坐宮刑"的制度，被判"大逆不道"的滅族重罪，其苟活的男性家屬要被連帶閹割，其目的顯然是為了使罪犯斷子絕孫，間接滅其族。

秦朝太監趙高就是"連帶宮刑"的受害者，其母原嫁趙王室的遠親，因為丈夫犯罪被處以宮刑，於是改嫁他人，但根據趙國的規定，妻權夫授，即便改嫁，生的兒子亦要承繼趙姓，遂所生之子名趙高，不幸的是，根據規定，所生之子也要被處以宮刑，於是趙高自小就被閹割，或許就是這種從小給他的恥辱造就了他日後畸形變態的心理。

"連坐宮刑"在後世影響甚廣，直到清代道光十三年（1833）還曾頒發類似規定："嗣後逆案律應擬凌遲之犯，其子孫訊明實系不知謀逆情事者，無論已未成丁，均照乾隆五十四年之例，解交內務府閹割"；其年在十歲以下暫時監禁，"年屆十一歲時，解交內務府照例辦理"。

秦始皇時期，連坐更是家常便飯，《史記‧秦始皇本紀》記載："始皇幸梁山宮，從山上見丞相車騎眾，弗善也。中人或告丞相，丞相後損車騎。始皇怒曰：'此中人泄吾語！'案問，莫服，捕時在旁者，盡殺之。自是後，莫知行之所在。"因為有人洩其言行，就將聞者全部誅殺。始皇三十六年（前212），"有墜星下東郡，至地為石。黔首或刻其石曰：'始皇帝死而地分。'始皇聞之，遣御史逐問，莫服，盡取石旁居人誅之，因燔銷其石。"

漢文帝時，"盡除收律，相坐法"，但後世連坐之法並未禁絕，如《漢書‧王尊傳》說："東平王以至親驕奢不奉法度，傅相連坐。"因王犯罪，而牽連臣僚，這種做法顯是商鞅遺風。又如王莽新政之時，曾進行貨幣改革，推行"布錢"，為了限制盜鑄，他規定"一家鑄錢，五家連坐，沒人為奴婢"，以至於沒為官奴婢的人"以十萬數"。當時，為了強行推廣"布錢"，王莽甚至規定此錢為身份證明，官民出入都必須攜帶，否則旅館也不接待食宿，關門和渡口可以加以拘留。

後世諸朝，皆有連坐之規定，其中尤以唐代對連坐的範圍和限制規定得最為具體。《唐律》規定："諸謀反及大逆者，皆斬。父子年十六以上，皆絞。十五以下及母女、妻妾、祖孫、兄弟、姐妹、若部曲、資財、田宅，並沒官。……伯叔、兄弟之子，並流三千里，不限籍之同異。即雖謀反，詞理不能動眾，威力不足率人者，亦皆斬。父子、母女、妻妾，並流三千里。""緣坐非同居者，資財，田宅不在沒限。歲同居，非緣坐及緣坐子孫應免流，各准分法應還。若女許嫁已定，歸其夫。出養、入道及聘妻未成者，不追坐。道士及婦人，若部曲、奴婢，犯反逆者，止坐其身。"唐律的規定基本為後世所效仿，罪人謀反，只誅殺父子，其餘連坐親屬只受非死之刑。

需要注意的是，在很長一段時間，族誅與連坐往往混在一起，兩者往往你中有我，我中有你，難分彼此，但到隋唐之後，兩者的區別漸趨明顯。前者是死刑，族誅之人必死無疑，而後者則未必，父子以外的其他親屬、女眷、從犯很少有處死刑的，大多是被充軍、流放、為奴，或被閹割。另外，族誅之人主要是同姓血親，殃及朋友門生只是特例，而連坐者主要是因事牽連，而非血緣關係。

今天，族誅與連坐這種誅連制度已被拋入歷史的垃圾桶，現代刑法理念倡導罪責己身，反對誅連。

克羅齊說，一切歷史都是當代史。刑罰的歷史並不單純是對舊聞掌故的敘述。我們始終應該銘記黑格爾的黑色警示——歷史給人類提供的唯一教訓就是人類從來不吸取教訓。但願從刑罰的歷史中，我們能夠洞悉人類的經驗與教訓，刑罰從野蠻到文明的發展路程不會有大的翻轉。

後　記

　　這是一本十多年前編寫的法律科普讀物，為了向大家講授刑罰的歷史。

　　歷史是過去發生的故事，但所有的故事依然在向今天的人們說話。

　　有人認為，歷史沒有規律，因為過去的事情不可能重演。在歷史中，充滿着偶然事件，複雜的人類行為既不能再現，也不能故意創造。因此，在歷史中概括不出普遍命題，發現不了歷史規律，從而也不能根據以往預測未來。

　　但是這種歷史相對主義的斷言在邏輯上並不能自洽。如果從歷史中無法概括出規律，那麼又如何概括出歷史充滿偶然沒有規律的規律呢？

　　人類的經驗當然存在局限，每天我們都會面對許多偶發事件，但是從每日不同的經驗中，我們依然可以對未來進行一定的預測。

　　從這本介紹中國刑罰歷史的小書，我們可以明顯發現刑罰從野蠻到人道的變遷，這種規律並非中國獨有，在其他國家的刑罰歷史中，這一規律也清晰可見。

　　當然，歷史相對主義的警惕也並非毫無意義。歷史上許多自詡掌握歷史發展規律的人總有通神之感，喜歡以自己發現的規律來強加於人。所有企圖在塵世建立天堂的人都有這種通神的錯覺。

因此，對歷史規律的懷疑是必要的，但懷疑如果導向徹底的虛無主義，那就有可能適得其反，《一九八四》反而會成為可能。"誰控制了過去，就控制了未來；誰控制了現在，就控制了過去。"如果歷史沒有規律，那它就真的成了任人打扮的小姑娘。

因此，雖然在刑罰的歷史中可以發現刑罰從野蠻向人道變遷的規律，但是我們依然要承認理性的局限，不要得出刑罰可以達致人道的極限。野蠻的刑罰並非毫無意義，它畢竟告訴我們刑罰是要給人帶來痛苦，對犯罪人進行懲罰的。如果人道主義的刑罰讓刑罰不再成為痛苦，那麼人道主義也可能帶來反人道的災難。

酷刑把人當作純粹的工具，是對人的物化，刑罰當然要懲罰犯罪人，但是必須把他當作人來懲罰，這種懲罰本身也是對犯罪人的尊重。

在中國歷史上，第一次意識到這種觀念的是清末修律大臣沈家本。沈家本認為"各法之中，尤以刑法為切要"。鑒於中外刑制"中重而西輕者為多"，遂以刑法"當改重為輕"為首要步驟。為此，他奏請廢除凌遲、梟首、戮屍、緣坐、刺字等酷刑。在某種意義上，沈家本是歷史上第一位真正具備現代刑罰觀念的學者。本書的大量資料參考自沈家本的《歷代刑法考》，這本科普讀物只是沈老先生著作的殘羹冷炙。

謹以這本小書向沈家本先生致敬。

羅翔

2020 年 11 月

參考文獻

一、古籍類

1. 沈家本：《歷代刑法考》，中國檢察出版社 2003 年版。

2. 沈家本：《歷代刑法分考（上、中、下）》，台灣商務印書館 1976 年版。

3. 王先謙：《荀子集解》，中華書局 1988 年版。

4. 陳奇猷：《呂氏春秋校釋》，學林出版社 1984 年版。

5. 趙曉耕校：《韓非子》，香港中華書局 2000 年版。

6. [漢] 劉安著、何寧集釋：《淮南子集釋（上中下）》，中華書局 1998 年版。

7. [漢] 劉向集錄、高誘注：《戰國策》，上海古籍出版社 1978 年版。

8. [宋] 司馬光：《資治通鑒》，中華書局 1987 年版。

9. [清] 畢沅：《續資治通鑒》，中華書局 1979 年版。

10. [清] 夏燮：《明通鑒》，中華書局 1959 年版。

11. [清] 谷應泰：《明史紀事本末》，中華書局 1977 年版。

12. [元] 馬端臨：《文獻通考》，中華書局 1986 年版。

13. [唐] 杜佑：《通典》，中華書局 1988 年版。

14. 《尚書》《周禮》《左傳》《爾雅》，均見中華書局 1980 年版《十三經注釋疏》。

15. [晉] 陳壽撰、[宋] 裴松之注：《三國志》，中華書局 1959 年版。

16. 《史記》《漢書》《後漢書》，中華書局 1983 年版。

17. [唐] 魏徵等：《隋書》，中華書局 1973 年版。

18. [晉] 劉昫等：《舊唐書》，[宋] 歐陽修、宋祁：《新唐書》，中華書局 1975 年版。

19. [元] 脫脫等：《宋史》，中華書局 1985 年版。

20. [元] 脫脫等：《遼史》，中華書局 1974 年版。

21. [清] 張廷玉等：《明史》，中華書局 1973 年版。

22. 《睡虎地秦墓竹簡》，文物出版社 1978 年版。

23. [唐] 長孫無忌等：《唐律疏議》，中華書局 1983 年版。

24. [清] 伍廷芳：《大清法規全編》，修訂法律館 1907 年版。

二、其他書籍

1. 蔡樞衡：《中國刑法史》，中國法制出版社 2005 年版。

2. 王覲：《中華刑法觀》，中華書局 1933 年版。

3. 高潮、馬建石主編：《中國歷代刑法志注釋》，吉林人民出版社 1994 年版。

4. 瞿同祖：《中國法律與中國社會》，中華書局 1981 年版。

5. 馬克昌：《刑罰通論》，武漢大學出版社 1999 年版。

6. 張伯元：《出土法律文獻研究》，商務印書館 2005 年版。

7. 朱紅林：《張家山漢簡〈二年律令〉集釋》，社會科學文獻出版社 2005 年版。

8. 曹旅寧：《秦律新探》，中國社會科學出版社 2002 年版。

9. 陳興良：《本體刑法學》，商務印書館 2001 年版。

10. 楊鴻烈：《中國法律思想史》，商務印書館 1939 年版。

11. 徐進：《古代刑罰與刑具》，山東教育出版社 1989 版。

12. 王永寬：《扭曲的人性：中國古代酷刑》，河南人民出版社 2006 年版。

13. 黎國智主編：《馬克思主義法學論著選讀》，中國政法大學出版社 1993 年版。

14. 楊玉奎：《古代刑具史話》，百花文藝出版社 2004 版。

15. 主客：《臀部的尊嚴：中國笞杖刑罰亞文化》，花城出版社 2002 年版。

16. 周密：《宋代刑法史》，法律出版社 2002 年版。

17. 高紹先：《中國刑法史精要》，法律出版社 2001 年版。

18. 張晉藩主編：《中國刑法史稿》，中國政法大學出版社 1991 年版。

19. 謝望原：《刑罰價值論》，中國檢察出版社 1999 年版。

20. 周密：《中國刑法史》，群眾出版社 1985 年版。

21. 陳登原：《國史舊聞》，中華書局 2000 年版。

22. 《魯迅全集》，人民文學出版社 1995 年版。

23. 唐德剛：《晚清七十年》，嶽麓書社 1999 年版。

24. 于振波：《秦漢法律與社會》，湖南人民出版社 2000 年版。

25. 王春瑜：《古今集》，蘭州大學 2003 年版。

26. 田余慶：《東晉門閥政治》，北京大學出版社 2005 年版。

27. 楊春洗主編：《刑事法學大辭書》，南京大學出版社 1990 年版。

28. 錢大群：《唐律研究》，法律出版社 2000 年版。

29. 李亞平：《帝國政界往事：大明王朝紀事》，北京出版社 2005 年版。

30. [法] 盧梭：《社會契約論》，商務印書館 1980 年版。

31. [意] 貝卡里亞：《論犯罪與刑罰》，中國大百科全書出版社 1993 年版。

32. [德] 康德：《法的形而上學原理》，商務印書館 1991 年版。

33. [德] 黑格爾：《法哲學原理》，商務印書館 1961 年版。

34. [英] 哈耶克：《自由秩序原理》，三聯書店 1997 年版。

35. 《馬克思恩格斯全集》，人民出版社 1960 年版。

36. [美] D・布迪、C・莫里斯：《中華帝國的法律》，江蘇人民出版社 2003 年版。

37. [日] 西田太一郎：《中國刑法史研究》，北京大學出版社 1985 年版。

38. [英] 羅吉爾・胡德：《死刑的全球考察》，中國人民公安大學出版社 2005 版。

三、論文類

1. 劉公任：〈漢魏晉之肉刑論戰〉，載《人文月刊》1937 年第 8 卷第 2 期。

2. 薛菁：〈漢末魏晉復肉刑之議〉，載《東南學術》2004 年第 3 期。

3. 吳豔紅：〈明代流刑考〉，載《歷史研究》2000 年第 6 期。

4. 吳豔紅：〈試論中國古代的"發罪人為兵"〉，載《中外法學》2001 年第 2 期。

5. 徐鴻修：〈從古代罪人收奴刑的變遷看隸臣妾、城旦舂的身份〉，載《文史哲》
   1984 年第 5 期。

6. 張建國：〈西漢刑制改革新探〉，載《歷史研究》1996 年第 6 期。

7. 韓樹峰：〈秦漢律令中的"完"刑〉，載《中國史研究》2003 年第 4 期。

8. 郭建、姚少傑：〈"坑考"〉，載《華東政法學院學報》2001 年第 3 期。

9. 郭東旭：〈論北宋"盜賊"重法〉，載《河北大學學報（哲學社會科學版）》
   2000 年第 5 期。

10. 王仲修：〈從野蠻走向文明——中國死刑執行方式的歷史演變〉，載《煙台大學學報（哲學社會科學版）》2004 年第 2 期。

11. 徐岱：〈中國刑名及刑罰體系近代化論綱〉，載《吉林大學學報（社會科學版）》2001 年第 6 期。

12. 龍大軒：〈論中華民族的罪刑觀念及其歷史嬗變〉，載《貴州民族學院學報》2002 年第 4 期。

13. 陳永生：〈對我國死刑覆核程序之檢討——以中國古代及國外的死刑救濟制度為視角〉，載《比較法研究》2004 年第 4 期。

14. 郭嘉：〈從睡虎地秦簡看秦朝的贖刑制度〉，載《中州學刊》2004 年第 3 期。

15. 童光政等：〈論贖刑制度〉，載《社會科學家》1996 年第 3 期。

16. 張光輝：〈明代贖刑的運作〉，載《四川大學學報（哲學社會科學版）》2005 年第 3 期。

17. 戴建國：〈宋折杖法的再探討〉，載《上海師範大學學報》2000 年第 6 期。

18. 李曉明、李可：〈恥辱刑與刑罰寬和之歷史進步作用〉，載《河北法學》2000 年第 6 期。

19. 黃曉明：〈笞刑論考〉，載《安徽大學學報》1997 年第 2 期。

20. 呂志興：〈宋代配刑制度探析〉，載《西南師範大學學報》2004 年第 1 期。

21. 王宏治：〈清末修刑律的再認識〉，載《比較法研究》2005 年第 4 期。

22. 曾代偉：〈蒙元流刑考辨〉，載《內蒙古社會科學》2004 年第 5 期。

23. 楊芹：〈宋代流刑考——以流沙門島的情況為主要事例〉，載《中山大學學報（社會科學版）》2005 年第 1 期。

24. 錢大群：〈再談隸臣妾與秦代的刑罰制度〉，載《法學研究》1985 年第 6 期。

25. 余秋雨：〈流放者的土地〉，載《收穫》1987 年第 4 期。

26. 魏得勝：〈三十個世紀的中西之別〉，載《書屋》2003 年第 2 期。

四、外文類

1. Carl Ludwig von Bar, *A History of Continental Criminal Law*, Rothman Reprints Inc. South Hackensack, New Jersey, 1968.

責任編輯	林 冕　葉昊洋	
書籍排版	何秋雲	

書　　名	**刑罰的歷史**
編　　著	羅翔
出　　版	三聯書店（香港）有限公司
	香港北角英皇道 499 號北角工業大廈 20 樓
	Joint Publishing (H.K.) Co., Ltd.
	20/F., North Point Industrial Building,
	499 King's Road, North Point, Hong Kong
香港發行	香港聯合書刊物流有限公司
	香港新界荃灣德士古道 220-248 號 16 樓
印　　刷	美雅印刷製本有限公司
	香港九龍觀塘榮業街 6 號 4 樓 A 室
版　　次	2022 年 12 月香港第一版第一次印刷
規　　格	大 32 開（140 mm × 210 mm）216 面
國際書號	ISBN　978-962-04-5042-6

© 2022 Joint Publishing (H.K.) Co., Ltd.

Published & Printed in Hong Kong, China.

本書圖片由 The New York Public Library 授權使用，謹此致謝。